KB039316

노자
왈
예수
가라사대

이 도서의 국립중앙도서관 출판시도서목록(CIP)은 서지정보유통지원시스템 홈페이지(http://seoji.nl.go.kr와 국가자료공동목록시스템(http://www.nl.go.kr/kolisnet)에서 이용하실 수 있습니다.

종교간의 대화 두번째

노자 왈 예수 가라사대

이명권 지음

종교시민문화연구소 학술총서 3 열린서원

「도덕경」과 그리스도교의
창조적 만남을 시도하며

흔히 동양의 사상을 말할 때 우리는 불가佛家와 유가儒家 그리고 도가道家의 철학을 먼저 생각하게 된다. 여기서 한 걸음 더 깊이 나아가면 인도의 사상인 우파니샤드나 바가바드기타의 내용을 떠올리게 된다. 이러한 종교 혹은 철학적 배경이 동양정신의 큰 줄기를 이루고 있다. 불가의 공空 사상과 유가의 인仁, 그리고 도가의 무위자연無爲自然 사상이 한데 어우러지면서 서양과는 다른 독특한 사상체계를 형성해 왔다. 그 가운데서 불가는 특히 인도의 베단타 사상이 보여주듯 불이일원론不二一元論나 사상적 맥락을 같이 하고 있다.

인도에서 발원한 불교 사상이 중국에 오면서 무리 없이 토착화 될 수 있었던 것은 노자의 사상이 이미 훌륭한 토대가 되어 있었기 때문이다. 인간과 자연을 근원적으로 탐색했다는 점에서 중국철학의 참된 시작이라고 볼 수 있는 노자철학은 동양정신의 진수를 대변해 주는 훌륭한 사상이라고 하지 않을 수 없다. 이러한 노자의 사상은 이제 중국 문화권을 넘어 동아시아와 세계인의 가슴에 점차 더 큰 영향력을 행사하고 있다. 특히, 문물이 동·서양을 넘나드는 세계화 시대에 서양에서 깊은 관심을 갖는 동양의 대표적인 사상으로 선불교와 함께 노자의 사상을 들지 않을 수 없다.

중국의 역사가 사마천이 기원전 100년경에 저술한 〈사기史記〉에서 의하면, 노자는 춘추시대 말기에 주周나라의 수장실사장서실 관리인로 있다가 주나라의 쇠퇴를 한탄하며 은퇴를 결심한 후에 서쪽으로 떠났다고 되어 있다. 주나라를 떠나 서쪽으로 가면 당시 진秦나라가 나오지만, 그때 그가 떠난 곳이 어딘지는 정확히 알 수 없다. 하지만 그의 사상이 오늘날에 와서 서방세계로 점차 확산되고 있는 것은 엄연한 사실이다.

전설적인 이야기에 불과 할 수 있지만 사마천에 따르면, 늙은 노자에게 공자가 찾아와 예禮에 관해 물었을 때 노자는 공자의 오만에 대해 질책했다고 한다. 공자의 인위적 사상을 질책한 셈이다. 노자가 『도덕경』 본문 18장에서 '대도폐 유인의大道廢 有仁義'라고 하여 '큰 도가 없어지니 인의가 생겨남'을 한탄했던 것과 같은 맥락이다. 노자가 정치에 무관심했던 것은 결코 아니다. 다만, 정치를 인위적으로 실현하려는 인간의 어리석음을 질책하고 무위無爲의 관점에서 통치해야 함을 역설하고 있는 것이다. 그럴 때 그가 말하는 무위이무불위無爲而無不爲 즉, '인위적으로 하려고 하지 않아도 저절로 되지 않음이 없는' 경지의 통치가 실현된다는 것으로 통치자는 도道의 원리에 따라야 한다는 것이다.

이 도의 원리에 관해 설명한 것이 『도덕경』 81장 가운데 상편에 해당하는 37장까지의 〈도경〉이다. 38장에서 마지막 81장까지는 도에 입각한 실천적인 덕德의 참 모습을 설명하고 있다는 점에서, 〈덕경〉이라고 할 수 있을 것이다.

　필자는 '무위자연'에 입각한 노자의 도道 사상을 예수의 하나님 사상과 비교해 보고 싶었다. 신학을 전공으로 출발했지만 일찍이 동양사상에 흥미를 가지고 있었고, 학부 재학 당시 연세대학교 이강수 교수님의 '동양철학의 이해'와 '노자철학'을 수강하면서 『도덕경』의 참맛을 보기 시작한 것이 소중한 인연이었다. 대학원 재학시절에 인도철학을 전공하면서, 동시에 감리교 신학대학원에서 수학할 때, 그리고 김홍호 교수님으로부터 '노장사상', '선불교', 그리고 '양명학'을 번갈아 수강하면서 노자의 정신을 또다시 접할 수 있었다. 그러나 노자의 사상에 대해 결정적으로 관심을 갖게 된 것은 서강대학교 종교학과 박사과정을 수학할 당시, 김승혜 교수님의 수업을 통해 '노자철학'을 원문중심으로 해석하면서부터였다. 서강대학교의 종교학적 분위기가 비교종교학적 전통이 강하다는 점도 필자에겐 크나 큰 행운이었다. 하지만 노자에 대한 나의 관심과 애정은 여기서 그치지 않았다. 2007년 중국 길림사범대로 교환 교수로 가면서 중국철학과 노자에 대한 연구를 병행하였고, 동대학에서 7년간의 교수 생활을 하면서, 동시에 길림대학에서 중국철학을 전공하여 장리앤량(張裏良) 교수에게 '노자철학'으로 박사학위를 받으면서 『도덕경』 81장까지의 해설판을 완결하게 되었던 것도 하나의 큰 은혜가 아닐 수 없다. 이러한 훌륭한 스승들이 계셔서 오늘 조촐한 생각을 글로 엮을 수 있었음에 감사할 따름이다.

이 책은 노자의 『도덕경』 81장 전편의 글을 원문 중심으로 하나하나 해석하면서 예수의 정신과 어떻게 대화가 가능한가에 초점을 맞추어 서술했다. 노자를 통해 예수를 깊이 이해하고, 예수를 통해 노자를 새롭게 이해하자는 것이 이 책의 취지이다. 물론 『도덕경』에 대한 중국인들의 해석은 다양하다. 왕필의 주석 외에도 하상공의 주해나, 상이의 주 등이 있지만 1장부터 37장까지 〈도경〉에 해당하는 글은 주로 왕필의 해석을 따랐고, 38장부터 81장까지의 〈덕경〉에 해당하는 글은 마왕퇴의 백서본 발굴 이후에 시도된 다양한 중국 학자들의 연구서를 참조했다. 각 장마다 번뜩이는 노자의 지혜는 필자를 감동시키다 못해 탄복하게 했다. 그러나 재주가 부족한지라 그 뜻을 쉽게 제대로 전달하지 못한 것이 못내 아쉽지만, 구구절절 숨 쉬고 있는 노자의 말 없는 교훈을 단 한 글자도 놓치고 싶지 않았다. 어느새 노자는 한쪽에서 살며시 미소를 짓는 듯하고, 예수는 그보다 500여 년을 앞서 살다간 자에게 다가가 '진리'라는 이름으로 말을 건넨다. 진리는 진리를 만나기 때문이다. 『도덕경』과 그리스도교의 영성이 만나는 자리인 셈이다.

이 책은 『도덕경』 1장에서 37장까지를 해석하여 〈예수, 노자를 만나다〉라는 제목으로 2006년에 출간하여 문화관광부 우수도서로 선정된 바 있다. 그러나 『도덕경』 38-81장까지의 전문 해석을 내놓지 못하고 있다가 10년만에야 완결판을 내게 되었다.

〈노자 왈, 예수 가라사대〉라는 제목을 붙인 이유는 노자가 이미 예수에 앞서서 동양정신의 진면목을 보여주고 있었고, 예수로 대변되는 그리스도교는 새로운 시각에서 도의 면모를 접할 수 있게 해 주었기 때문이다. 진리의 모습을 서로 다른 시각에서 조명해 보면, 만날 수 있는 부분과 만날 수 없는 부분이 확연히 드러난다. 언어가 보여 주는 상징의 세계가 그만큼 다양하기 때문일 수도 있다. 상대적인 진리라도 만날 수 있는 부분에서는 반가움이 있고, 만날 수 없는 부분에서 그만큼 반성적 사유의 깊이를 더하게 해 준다.

전쟁과 문명의 충돌로 인간성이 점점 상실되고 평화를 염원하는 종교간의 대화가 그 어느 때보다 절실해지고 있는 요즈음에 이 책이 종교간의 대화를 더욱 넓혀주는 데 미력이나마 도움이 되어주길 바랄 뿐이다. 추천의 글을 기꺼이 써주신 은사 이강수 교수님, 종교간의 대화가 척박한 이 땅에 조금이나마 노자와 예수를 폭넓은 시각에서 이해할 수 있는 계기가 될 수 있기를 바랄 뿐이다. 필자와 호흡을 같이하며 정기적인 인문학 강좌를 열어가는 코리안아쉬람 가족들에게 감사드린다. 그리고 이 글을 읽어줄 독자 제현에게 감사를 드린다.

2017년 8월 31일
몰운 다락방에서
이명권

| 차례 |

제 38장

상덕부덕^{上德不德} : 높은 덕은 덕을 내세우지 않는다

1) 상덕부덕^{上德不德}과 예수의 덕

> "높은 덕은 덕을 내세우지 않는다. 그래서 덕이 있다.
> 낮은 덕은 덕을 잃지 않으려고 애를 쓴다. 그래서 덕이 없다.
> 높은 덕을 지닌 자는 인위적으로 행함이 없지만^{無爲},
> 낮은 덕을 지닌 자는 인위적으로 행하려고 한다^{有爲}."

> 上德不德, 是以有德, 下德不失德, 是以無德,
> 上德無爲而無以爲, 下德爲之而有以爲.

　노자가 이미 『도덕경』 제1장 서두에서 "도를 도라고 하면 이미 영원한 도가 아니다^{道可道非常道}"라고 했듯이, 덕^德에 대한 생각에서도 마찬가지다. 이를테면 덕가덕비상덕^{德可德非常德}이라 하여, 덕을 덕이라 하면 영원한 혹은 떳떳한 덕이라 할 수 없다는 논리다. 물론 노자는 덕을 높은 덕과 낮은 덕이라는 차원으로 나누어 설명한다. 상덕上德과 하덕下德이다. 높은 덕을 지닌 자와 낮은 덕을 지닌 자의 차이를 공자의 예로 본다면, 군자와 소인의 차이라고 할 수 있겠지만 반드시 그것도 아니다. 노자에게서 상덕과 하덕의 차이는 철저히 무위無爲라는 척도에서 구분된다. 무위는 인위적으로나 억지로 행하지 않는다는 뜻이다. 남의 눈치를 보면서 하는 가식적인 행위가 아니라, 사심私心 혹은 삿된 마음邪心이 없는 순수한 무심無心으로 행하는 자연스러운 행위다. 노자사상의 기본적인 출발점은 바로 이 무위에 있다. 그리하여 그의 모든 사상이 무위자연無爲自然이라는 말로 귀결된다. '스스로 그러함自然'에서 우러나오는 사심 없는 무위의 행위, 그 행위에 비로소 행위의 완전함이 있다. 그것이 노자의 지상 명제다.

"높은 덕은 덕을 내세우지 않는다."上德不德

이 한마디에 우리는 행위의 완전함이란 무엇인가를 직감적으로 느끼게 된다. 어쩌면 덕행을 강조해 오던 우리가, 아니 덕을 지키지 못하여 안절부절 하면서 낮은 수준에 살던 우리가, 뒤통수를 얻어맞은 듯 전율을 느끼기도 한다. 노자의 위대성은 철저한 우상타파에 있다. 그 점에서 예수와 맥을 같이 한다. "오른손이 하는 행위를 왼 손이 모르게 하라."고 했던 예수의 가르침도 바로 같은 맥락이라는 뜻이다. 덕을 행했다고 해서 덕을 내세우지 않으므로 덕이 있다是以有德고 노자는 말한다.

한편 낮은 덕은 덕을 잃지 않으려고 애를 쓴다下德不失德. 애를 쓰는 모습은 노력한다는 뜻이지만, 역시 최상의 것은 되지 못한다. 애를 쓰지 않고도 저절로 될 수 있는 단계여야 하기 때문이다. 보통 사람들이 이르기 어려운 경지이지만, 꼭 도달하지 못할 것도 없다. 애를 쓰는 것은 좋은 뜻에서는 노력하는 것이지만 또 다른 측면에서 보면, 여전히 덕 그 자체에 집착하고 있는 것이다. 예컨대 불교에서 베푸는 것을 말하는 보시布施에는 대가를 바라는 유상보시有相布施와 대가를 바라지 않는 무상보시無相布施가 있지만, 대가를 바라지 않는다는 생각 자체도 없는 무주상보시無住相布施의 차원이 있는 것과 같다. 이러한 차원의 높은 덕행은 역시 어떠한 인위적 행위나 억지로 꾸밈이 없는 무위無爲의 차원에서 이루어진다. 반면에 낮은 차원의 덕행은 그와 반대로 자기를 내세우거나 꾸미는 인위적 조작以爲의 행위다.

예수의 삶은 철저히 이타적 삶이었다. 자신의 이기적 욕망을 앞세운 것이 아니라 철저히 하늘의 뜻, 곧 무위의 삶을 살았던 것이다. 무위 속에 구원이 있고 살림이 있다. '상덕부덕', 이것은 노자에게서는 자연에 순응하는 '스스로 그러함自然'의 행위였고, 예수에게서는 '하늘의 뜻'에 순응한 행위였다. 철저히 '사욕에 사로잡힌 나'는 사라지고, '자연 속의 나'만 남고, 스스로 그러함의 화신인 신만이 남는 행위다. 그래서 상덕부덕은 신성한 덕행이요 무위의 결과다. 한비자에 의하면 무위는 비움이다虛者之無爲也. 이 비움으로써 덕이 풍성해지고虛則德盛, 덕이 풍성해지는 것을 높은 덕이라 한다德盛之謂上德.

왕필王弼에 의하면, 덕德은 득得이다德者得也. 얻음이라는 뜻이다. 항상 얻어서 잃어버림이 없고, 이로워서 해害가 없음으로 덕이라고 이름을 했다고 한다. 이 덕을 어떻게 얻는가 하는 문제는 역시 도道에서 비롯된다. 한마디로 덕이란 도에서 얻어지는 결과물이다. 도는 이미 노자 『도덕경』의 상편에 해당하는 1장부터 37장에서 충분히 다룬 바 있다.

한편 한비자韓非子에 의하면, 덕이란 내면을 말함이요, 득이란 외면을 말한다德者內也, 得者外也. 그리하여 덕 있는 사람은 무위로써 모으고以無爲集, 무욕으로써 이룬다以無欲成. 결국 무위와 무욕의 행위를 통하여 드러난 결과가 '얻음' 곧 득得이 되는 것이다. 이렇게 얻어진 득은 덕이 되어 항상 잃어버림이 없게 된다. 그것이 높은 덕上德이다. 그러므로 높은 덕은 억지로 하려는 것도 없지만, 하지 못하는 것도 없다上德無爲以無不爲. 반면에 낮은 덕의 사람은 자연에 순응하여 행하려고 하지만, 인위적인 작용이 있게 된다.

행위에 있어 완전함이란 덕성이 높이 함양된 상태로서 바람에 걸림이 없듯이 지극히 자연스런 스스로 그러함의 움직임, 곧 도에 따르는 행위일 것이다. 그러한 덕성의 길은 내면의 순수한 빛을 따르는 길이요, 예수와 같이 하늘의 뜻에 순응하는 길이었다. 그것이 무위로서의 길 곧 비움의 길이다. 이때 한 가지 더 생각해야 할 것은 높은 덕의 차원에서는 비우고자 하는 집착 자체도 없는 비움, 그것이야말로 완전한 도의 덕이라는 점이다. 그것은 또한 불교에서 말하는 여여如如한 삶이라고 할 수 있을 것이다. 여여는 떳떳하다. 그러므로 항구적인 덕이 된다.

제 39장

일 $^-$ 과 하나님

1) 일 $^-$, 즉 도道를 얻을 때

> "자고이래 일 $^-$,道을 얻은 것은 (다음과 같으니),
> 하늘이 일 $^-$ 을 얻어서 맑아지고, 땅은 일 $^-$ 을 얻어서 안정되며,
> 신은 일 $^-$ 을 얻어서 영험하게 되고, 계곡은 일 $^-$ 을 얻어서 차오르며,
> 만물은 일 $^-$ 을 얻어서 생장하고,
> 후왕侯王은 일 $^-$ 을 얻어서 천하의 준칙이 된다."

> 昔之得一者, 天得一以淸,
> 地得一以寧, 神得一以靈,
> 谷得一以盈, 萬物得一以生,
> 侯王得一以爲天下正.

『도덕경』에서 일 $^-$ 은 크게 두 가지로 해석될 수 있는데, 우선 만물을 생장시키고 만물의 정신세계를 지배하는 도道로 해석되고, 또 하나는 원시적原始的인 혼돈混沌 미분未分 상태의 기氣로 표

현되기도 한다. 그런데 39장의 이 본문에서는 '도'로 해석된다. 도의 성격을 말해주는 『도덕경』14장에서는 '합하여 하나로 여겨지는 것混而爲一'을 도라고 표현하고 있다. 세계 만물이 혼돈스럽게 움직이고 돌아가는 것 같지만 결국 '하나'의 원리로 귀결되는 것으로서의 '도'를 말하고 있는 것이다. 고형高亨에 따르면, 〈노자〉에서 일一은 세 가지의 뜻이 있다. 첫째, 신체身를 지칭 할 때의 일一이다. 이는 『도덕경』10장에서 보는 바와 같이, '혼백이 하나를 품고載營魄抱一'라고 할 때의 일이다. 둘째, 우주의 본원으로서 음양이 배합된 상태의 대극大極을 뜻한다. 이는 42장에서 나오는 바 '도가 일一을 낳고道生一 할 때의 일一이다. 셋째, 도道로서의 일一이다. 본 39장에서의 일一은 도의 또 다른 별명이다.

일一은 도道로서, 만물을 움직이며 생장 변화하게 한다. 이른바 만물이 지니고 있는 잠재적 능력을 활동시켜서 만물이 자연스러운 법칙에 따라 운행하게 하는 것이다. 『도덕경』의 저자는 일一이라고 하는 도道를 일체 모든 사물의 준칙으로 삼고, 하늘天, 땅地, 신神, 계곡谷, 만물萬物, 후왕侯王할 것 없이 모든 것이 '도道'에서 말미암는다고 한다. 그리하여 만일 이 도를 잃어버릴 경우에는 위에서 열거한 천지, 만물 등의 모든 존재가 제 길을 얻지 못할 것임을 말하고 있다.

여기서 일一이 도道라고 하는 만물 생성의 원리가 된다고 했는데, 이제는 이 도로서의 일一을 하늘과 땅 등이 '얻게得' 될 때, 그 모습은 어떠한가를 본문이 설명하고 있다. 본문이 '얻음得'에 대하여 말하는 것은 앞의 『도덕경』38장에서는 상덕上德에 관하여 살펴 볼 때 논하였던 것처럼, '득'은 덕德을 뜻한다. 그러므로 이 장에서는 덕과 도의 관계를 논하고 있는 셈이다. 이른바 도인 일一을 얻음으로써, 비로소 덕이 있게 되는 것이다. 육덕명 陸德明은 "도가 만물을 생성시킴으로써, 얻음이 있다. 그러므로 이를 덕이라 한다."고 했다.

이제 위의 본문을 중심으로 다시 하나씩 살펴보면, '하나'를 얻는 다는 '득일得一'의 문제는 세계 만물 가운데 공통적으로 내재한 유일한 본질적 근원으로서의 도를 얻는 것으로 풀이 될 수 있었다. 그런데 '얻음得'이라 하면, 도가 부여하는 본질을 완전히 피동적으로 부여받기만 하는 것이 아니라, 도가 부여하는 바의 존재와 본질을 적극적으로 인정하며 받아들이는 것이다. 도가 부여하는 바의 존재와 본질을 적극적으로 수용하고 신뢰함으로써, 도를 잘 간수하여 도와 하나가 되는 것이다. 그리하여 도의 의지를 따르며 주어진 도의 사명을 완수할 수 있게 되는 것이다.

이같이 도를 얻는 득일得一의 원리 속에서, 하늘과 땅 등은 자신의 역할을 제대로 감당한다. 우선 '하늘天'은 『도덕경』의 본문 25장에서, '사람은 땅을 본받고人法地, 땅은 하늘을 본받으며地法天, 하늘은 도를 본받는다天法道,'는 표현이 있다. 여기서 천은 천, 지, 인의 통일적인 세계관과 연관되는 것으로, 우주와 현실 세계를 모두 포함하는 개념이다. 물론 땅은 현실 세계의 한 일원으로서의 땅을 뜻한다. 그리하여 하늘은 일一인 도를 얻음으로써 비로소 맑아지고, 땅은 안정되며, 신은 영험하게 되고, 계곡은 차오르며, 만물은 생장하고, 후왕侯王은 천하의 준칙이 된다.
본문에서 말하는 '신神'은 세 가지 뜻이 있다. 첫째, 인간의 정

신 또는 사유하는 이성理性이다. 둘째, 정신과 이성의 사유 활동
이다. 셋째, 인간의 사유와 정신 작용이 도달한 세계의 신비한
본체로서의 정신精神이다. 결국 여기서 신은 그리스도교에서 말
하는 바와 같은 창조주로서의 하나님과 같은 신이 아니다. 오히
려 인간이 고요히 명상을 하거나 기도하는 가운데 느낄 수 있는
바와 같은 일종의 정신작용이다. 이러한 정신작용으로서의 '신
神'도 일一 곧, 도를 얻음으로써 영험하게 된다는 것이다. 본문
이 말하는 신神을 창조주와 같은 신으로 보는 이도 있으나, 노
자에서는 그런 해석이 불가능한다. 우선 노자가 다른 본문에서
"도는 크다, 하늘은 크다, 땅도 크다, 사람 또한 크다道大, 天大, 地
大, 人亦大"라고 했는데, 본문에서의 순서를 보면, 역시 하늘, 땅,
신, 계곡, 만물, 그리고 후왕의 순서다. 이러한 순서를 보아도
신이 도와 천지 이전에 존재한 어떤 신령이라고 보기 어렵다. 신
을 다르게 볼 수 있는 가능한 해석은 천지 만물의 자연스런 운동
과 흐름을 정신작용으로 의인화하여 비유한 것으로 볼 수 있다
는 것이다. 그러나 이것 또한 하나의 가설일 뿐이다. 또 다르게
는 '신선神仙'으로 해석하는 경우도 많다. 노자를 철학적으로 읽
기보다 도교道敎적 관점에서 읽으면 그러한 표현이 더 적합할 수
도 있다.

본문의 '곡谷'은 계곡을 뜻한다. 물이 흘러내려 가는 계곡도
도인 일一을 얻음으로써 비로소 물이 차게 된다. 본문의 이 곡谷
을 곡물穀物로 보는 이도 있다. 그 이유는 '곡穀'의 간화체簡化体
이기 때문이라는 것이다. 그리하여 곡을 각종 농작물로 이해하
기도 하는데, 그렇게 해석하는 것도 해석의 한 방법이라고 볼 수
있을 것이다. 만물 또한 도로서의 일一을 얻어 생장하고, 후왕

侯王도 모든 정치의 기준으로서의 준칙을 얻게 된다. 후왕이 일
一을 얻어 천하의 바름正으로 삼는다고 했는데, 이때의 '정正'은
정도正道 혹은 준칙이라는 뜻이다. 왕필을 포함하여 여러 다른
판본에서는 정正을 '정貞'이라고 표현했지만, 뜻은 대동소이하
다. 정正은 왕이 나라를 정치하는 표준적인 규범으로서, 인애仁
愛와 정의, 질서 등으로 표방되는 모든 행위의 준칙이 되는 것이
다. 이 모든 것들이 바로 도로서의 일一을 얻게 될 때, 비로소 무
위자연의 도가 행해지게 된다.

　세계 모든 만물의 움직임이 일一을 얻을 때 진정한 활동이 가
능한 것처럼, 그리스도교의 입장에서 볼 때 하나님을 떠나서는
우주의 모든 활동이 불가능함에 비유될 수 있다. 그런 점에서 도
로서의 일一은 하나님과 상통되는 개념이다. 하나님은 어원적
으로는 히브리어에서 '엘'이나 '엘로힘' 혹은 '야훼'나 '여호
와' 등으로 불리고, 헬라어에서는 '데오스theos'로 불리지만, 한
국어로 번역되면서, '하나님' 또는 '하느님'으로 불리고 있다.
'하느님'으로 부르는 것은 '하늘님'에서 'ㄹ'이 탈락된 것이지
만, '하나님'이라 할 때는 바로 '하나'의 의미를 강조하는 '일
자一者'로서의 의미가 강하다. 그렇게 본다면, 중국어 성경에서
의 '상제上帝'라는 개념 보다는, 한국어에서의 '하나님'이라는
번역은 오히려 노자의 '일'개념에 가까운 것이라는 생각이 든
다. 특히 노자에서의 '일'이 도道라는 뜻을 지닌다는 점에서, 요
한복음 1장 1절의 한문번역본에 "태초에 도가 있었다太初有道."라
는 표현도 도와 하나님의 관계를 상통하게 해주는 흥미로운 점
이 있다. 이렇게 본다면, 노자의 위의 본문에서 일一 대신에 '하

나님'을 바꾸어 넣어도 노자와 그리스도교의 대화적 관점에서
전혀 손색이 없다.

자고이래 하나님과 함께 하는 것은 (다음과 같으니), 하늘이
하나님과 함께하여 맑아지고, 땅은 하나님과 함께하여 안정되
며, 정신은 하나님과 함께하여 영험하게 되고, 계곡은 하나님과
함께하여 차오르며, 만물은 하나님과 함께 생장하고, 후왕侯王은
하나님과 함께하여 천하의 준칙이 된다.

제 40장

되돌아가는 도道와
하늘나라虛靜로 간 예수

1) 도의 움직임과 쓰임새

> "되돌아가는 것이 도의 움직임이며,
> 유약한 것은 도의 쓰임새다."
>
> 反者道之動, 弱者道之用.

　노자는 일관되게 상대적 세계와 절대의 세계를 동시에 말하고 있다. 말하자면 변화무쌍한 상대적 세계와 그 이면에 끊임없이 영속적으로 흐르는 '변화의 항상성恒常性'이라는 절대의 보편적 우주법칙을 도로서 일관적으로 말하고 있는 것이다. 그 도의 흐름이 곧, '반자反者'라고 표현되고 있다. '반자'라는 것은 '되돌아가는 것'을 말한다. 왕필이 본문을 해석하며 말하듯이, "높음은 낮음을 토대로 삼고, 귀한 것은 천한 것을 근본으로 삼는다.

유有는 무無를 쓰임으로 삼으니, 이것이 반대 되는 것이다. 매사에 무를 파악해서 이용하면 사물에 막힘이 없이 통하게 되므로 '되돌아가는 것이 도의 움직임이다'라고 하였다." 이는 물론 노자가 『도덕경』 2장이나 39장에서 표현한 바와 같은 상대적 세계의 진리를 말한 것과 같은 맥락이다. 사실 '돌아감反'이야말로 전체 세계 현상의 주요한 움직임이다. 사시사철이 계속해서 돌아감과 같다.

그러한 되돌아감이라는 뜻도 있지만, 도의 차원에서 근원으로 돌아감還元의 뜻도 있다. 이것은 도가 그 출발점인 근본으로 돌아간다는 뜻이다. 또 되돌아가는 원리로서 도의 다른 측면은 상대적 세계의 변화에서 늘 볼 수 있는 것과 같이, 높고 낮음이 상대적으로 달라지고, 길고 짧음도 상대적으로 바뀌어 가며, 먼저 되고 나중 되는 것도 상대적인 변화의 산물이 된다. 그러므로 높다고 자랑할 이유가 없고, 짧다고 서러워 할 까닭이 없다.

예수의 이야기처럼 하늘나라에서는 "나중된 자가 먼저 될 것이라"는 설명도 가능하다. 스스로 낮추는 자가 높아지리라는 역설도 통할 수 있는 이야기다. 또한 예수 자신도 출발은 하늘나라다. 하나님의 품, 하늘나라를 떠나 지상에 왔다. 그러나 그는 십자가와 부활이라는 중차대한 자기 사명을 마치고 다시 하늘나라로 갔다. 물론 이는 성서의 증언을 토대로 이야기하는 것이다. 하늘나라를 근원이라고 본다면, 예수는 근원으로 다시 돌아간 것이다. 그 근원을 일러 우리는 노자가 말하는 허정虛靜에 비유해도 좋을 것이다. 이는 노자가 뿌리로 되돌아가는 것을 허정에 비유했기 때문이다. 하나님의 마음과 품도 그래서 허정에 비유해도 큰 탈은 없으리라 본다. 하나님의 품이 허정이기에, 만물이 거기로 돌아가고 또 거기서 나온다.

주렴지朱濂之는 '되돌아감反'을 '다시 되돌아가는 것復'으로 해석했다. 그것은 〈역易〉에서 말하는 바와 같은 반복反復의 뜻과 같다고 하였다. 마치, 노자가 다른 본문에서 "가면 멀어지고, 멀어지면 되돌아온다逝曰遠, 遠曰反."(25장)고 했던 말과 같고, "만물이 함께 일어나는데, 내가 그 돌아감을 바라보니萬物竝作, 吾以觀復 만물이 무성해도 각각 그 뿌리로 돌아간다夫物芸芸, 各復歸其根"(16장)고 했던 것과도 같다. 뿌리로 돌아간다 함은 노자가 16장에서 설명하고 있는 바와 같이, 고요하게 되는 것靜을 뜻하는 것이기도 하다歸根曰靜. 고요하게 되는 것을 일러 다시 '명命'을 회복하는 것復命이라 했다. 진고응陣鼓應에 따르면, 명을 회복한다는 것은 본래적인 (자아의) 근원으로 돌아간다는 것이다復歸本原. 결국 명을 회복하는 것은 '허정虛靜의 본성'을 회복하는 일이다.

노자는 계속해서 '명을 회복하는 것'을 '상常'이라 했다復命曰常. 그리고 이어서 이 '상常' 즉 '항상恒常'의 의미를 아는 것을 명明, 곧 밝게 아는 것이라 했다. 여기서 '항상'이라 하는 것은 '상도常道로서의 '불변'의 뜻이 있다. 다시 말하자면 자연으로서의 우주는 순환왕복하는 '변화의 불변성'으로서 항상하다는 것이다. 그래서 도는 영원한 것이다. 이 영원하고 떳떳한 우주법칙으로서의 도를 알지 못하면, 삶이 불분명하여 망령되이 흉한 일을 저지르게 된다不知常, 忘作凶. 반면에 '상常'의 항상성, 곧 '상도常道'를 알면 포용하게 된다知常容. 또한 포용하게 되면 공평하게 되고容乃公, 공평해지면 왕이 되고公乃王, 왕이 되면 천과 같게 되며王乃天, 천과 같이 되면 도를 얻고天乃道, 도를 얻으면 오래 갈 수 있으니道乃久 죽을 때까지 위태롭지 않게 된다沒身不殆.

돌아감의 의미는 또한 "무극無極으로의 복귀"復歸於無極, 28장를 뜻하기도 한다. 무극은 무궁無窮으로서, 다함이 없는 것이다. 다함이 없으니 무한無限이요 영원이다. 무한한 도의 작용은 언제나 '뿌리'에서 출발한다. 그러므로 공功을 이루었다고 해서 그 영화榮華나 열매에 안주하여 자랑 삼지 말고功成而弗居, 근본의 뿌리로 돌아갈 줄 알아야 하며 질박樸함으로 돌아갈 줄 알아야 한다復歸於樸, 28장.

유약함弱의 뜻으로 쓰인 약弱 또한 도의 작용이라고 했다. 노자는 다른 본문에서, "유약한 것이 단단하고 강한 것을 이긴다柔弱勝剛强, 36장"고 했다. 부드러움柔이 단단함剛을 이기고, 약弱한 것이 강强한 것을 이긴다는 것이다. 나뭇잎이 결국 단단한 바위 위에 올라앉고, 새가 소 위에 올라 앉아있는 형세다. 노자는 다른 본문에서 "단단하고 강한 것은 죽음의 무리이고, 부드럽고 약한 것이 삶의 무리다堅强者死之徒, 柔弱者生之徒, 76장"라고 했다. 그리하여 노자는 약한 것의 위대함을 물에 비유하여 설명하고 있으니, "천하에 물보다 부드러운 것이 없지만, 단단하고 강한 것을 공격하기로는 이보다 나은 것이 없다天下莫柔弱於水, 而攻堅强者莫之能勝, 78장"고 말한다. 예수 자신은 이르기를, "나는 온유하고 겸손하니 나의 멍에를 메고 내게 배우라."고 했다. 예수는 온유 했지만 강하고 단단했던 로마의 권력과 무력을 겸손과 사랑으로 이겼던 것이다. 결국 부드러움이 강함을 최종적으로는 이긴다는 것을 보여준다. 이것이 도의 작용이다.

제 41장

밝은 도는 어두운 것 같고^{明道若昧}, 은밀한 가운데 거하시는 하나님

"뛰어난 사람이 도를 들으면 부지런히 실행하려 하고,
보통 사람이 도를 들으면 한편으로는 믿는 것 같고
한편으로는 의심하는 듯하며,
못난 사람이 도를 들으면 크게 비웃는다.
비웃지 않으면 도가 되기에 부족하다.
그러므로 옛적에 이런 말이 있게 되었다.

밝은 도는 어두운 것 같고,
앞으로 나아가는 도는 후퇴하는 것 같고
평탄한 도는 움푹움푹 한 것 같고
숭고한 덕은 골짜기 같으며
아주 흰 것은 더러운 것 같고
광대한 덕은 부족한 것 같으며
강건한 덕은 게으른 것 같고
질박한 진실은 변한 것 같으며

큰 모는 모서리가 없고
큰 그릇은 늦게 완성되며
큰 소리는 들리지 않고
큰 형상은 형체가 없으며
도는 은밀히 감추어져 이름이 없는데,
오직 도만이 만물을 잘 보조하고 완성시킨다."

上士聞道, 勤而行之. 中士聞道, 若存若亡.
下士聞道, 大笑之. 不笑不足以爲道.
故建言有之. 明道若昧, 進道若退, 夷道若纇, 上德若谷, 大白若辱, 廣德若
不足, 建德若偸, 質眞若渝, 大方無隅, 大器晩成, 大音希聲, 大象無形, 道
隱無名. 夫唯道, 善貸且成.

　　본장에서 노자가 강조하는 내용은 도의 역설적 측면이다. 그
말을 잘 보여 주는 사례가 본문 중에서 '밝은 도는 어두운 것 같
다'는 말에서 나타난다. 이는 『도덕경』 4장에서, "도는 비어서
쓰임이 있지만, 혹 차지 않은 듯하다道沖而用之或不盈."라고 했던
것과도 통한다. 노자의 도덕경 전체가 역설로 가득한데 그것은
사람들이 보통 생각하는 상식 이상의 깨우침을 던져 주는 것이
기 때문이다. 이러한 도의 역설은 14장에서 보이는 바, "앞에서
맞이하려 해도 그 머리를 볼 수 없고, 뒤에서 따라가려 해도 그
뒤를 볼 수 없다迎之不見其首, 隨之不見其後"는 말과 같이 도는 참으
로 감각적으로 형언하기 어려운 것이다.

　　이와 같이 형체가 없어서 그림자도 없는 도무지 종잡을 수 없
는 현묘, 신통한 도의 이치를 터득한 도인道人에 대해서 노자는

15장에서 이렇게 말한다. "미묘하고 그윽이 통달하였으니 그 깊이를 알 수 없다微妙玄通, 深不可識." 이러한 도의 은밀한 성격에 대해 22장에서도 언급하고 있는데, "도道는 스스로 보이게 하지 않으므로 밝고不自見, 故明, 스스로 옳다 하지 않으므로 빛난다不自是, 故彰."는 것이나, 계속해서 이르기를, "스스로 자랑하지 않으므로 공덕이 있고不自伐, 故有功, 뽐내지 않으므로 (덕이) 오래간다不自矜, 故長."는 표현 등이 모두 도의 은밀한 덕성을 말해주고 있는 것이다. 그러므로 도의 모습은 일반적인 상식의 수준에서 이해할 수 있는 것이기 보다는 한 차원 더 높고 혹은 깊은 은밀성 속에서 본래의 면목이 잘 드러난다고 볼 수 있다.

그렇기 때문에 본문에서는 "밝은 도는 어두운 것 같고, 앞으로 나아가는 도는 후퇴하는 것 같다."는 식의 역설을 말하고 있는 것이다. 도의 실상은 '평탄한' 것이지만 움푹움푹해 보이고, 산과 같이 높지만 골짜기처럼 비천해 보이고, 순수하고 하얗지만 지저분해 보이고, 넓지만 부족해 보이고, 강하지만 나태해 보이고, 진실하여 질박하지만 변통이 있어 보이는 것이다. 일면 모순적인 것 같으나 실제 도의 모습은 겉으로 보이는 것과 다르다는 것을 말해 준다. 그것은 마치 지구가 겉으로 보기에는 산과 바다로 높고 낮은 면이 있는 것 같아도, 하늘 높이 우주 공간에서 바라보면 모서리는 사라지고 둥글게 보이는 것과 같다. 그래서 큰 모서리는 모서리가 없다는 것이다. 지구가 자전과 공전을 하면서 내는 굉음은 어마어마하지만 우리가 지구의 소리를 들을 수 없듯이, 큰 소리 또한 소리가 없다고 비유한다. 그리하여 도와 같은 '큰 형상'은 보이지 않는 형상일 뿐이다. 하나님이 보이지 않는 형상이지만, 큰 도의 형상이듯이. 이 같은 도를 터득한 자

들의 모습은 느리지만 큰 그릇을 만들어 낸다. 이른바 대기만성
大器晩成이다.

 이름 없이 은밀히 감추어져 있는 도道隱無名, 여기에 도의 모든
비밀이 있는 것이 아닐까? 이름 없이 숨겨져 있는 듯하면서 만
물의 움직임을 가능하게 하고 어두울 정도로 질박한 가운데, 골
짜기처럼 비천한 데 거하며 만물을 생장시키는 현묘한 도야말로
사람이 본받아야 할 검소하고 겸손한 도리가 아닐까 한다. 천지
인이 하나가 되는 길도 오직 이 은밀한 도의 길을 본받는 데 있
을 것이다. 그리하여 본문에서도, 밝은 도는 어두운 것 같으면서
明道若昧도 "오직 도만이 만물을 잘 보조하고 완성시킨다夫唯道 善
貸且成."고 말하고 있는 것이다.

 노자의 이야기를 예수와 비교하여 적용해 보는 일이 불필요한
일일 수도 있으나, 오히려 노자의 지혜에 비추어 예수를 해석해
보면 보다 더욱 선명해지는 부분도 있다. 더구나 예수는 하나님
의 뜻을 실현하고자 이 땅에 왔다는 것이 신약성서의 기본적인
진술이다. 그렇게 볼 때, 노자가 말하는 도가 하나님에 비유된
다면, 예수의 행위는 일체가 하나님의 뜻을 실현하고자 하는 것
이었기에 그야말로 도인道人의 일생을 살았다 해도 과언이 아닐
것이다. 노자가 본문에서 "뛰어난 사람은 도를 들으면 부지런
히 실행하려고 한다."고 했듯이, 예수는 하나님의 뜻을 깨닫고
일생을 도의 실천으로 삼았던 것이다. 마치 간디가 자신의 삶을
'진리의 실험'이라고 했던 것에도 일견 비유할 만하다.

 예수의 도는 분명 하나님의 도였고, 그 도의 실행은 온유와 겸
손이었다. 노자식의 표현대로 하자면, '밝은 도였으나 어두운
것처럼明道若昧' 하였고, 밝은 도였지만, 번쩍거리지 않았다光而不

耀. 하늘나라天國를 이 땅에 건설하고자 했던 그의 도는 불의한 세상의 굽은 길을 평탄하게 하는 도였으나, 오히려 그의 도가 권력자들에게는 울퉁불퉁하게 굽어보이는 듯 했다夷道若纇. 그리하여 예수의 순백한 가르침은 그들에게 신성을 모독하는 듯 욕되어 보였고大白若辱, 그의 무한한 용서의 관용은 어딘가 어리석고 부족해 보였던 것이다廣德若不足. 오른뺨을 치면 왼뺨을 돌려대라는 나약하고 어리석어 보이는 모습 말이다.

끝내 십자가에 이르기까지의 고집스런 그의 강건하고 꿋꿋한 덕은 오히려 외롭고 구차해 보이기까지 했다建德若偸. 예수의 천국 건설에 대한 의지와 목표가 점점 로마 권력의 힘 앞에 무력해지는 듯 하자, 제자들의 마음은 흔들리기 시작했다. 대표적으로 유다가 그랬다. 예수의 질박한 진실이 변질되는 듯이 여겨졌던 것이다質眞若渝. 그러나 예수의 뜻은 끝내 모가 나지 않아 사람을 해하는 모서리가 아니었다大方無隅. 그의 뜻한 바 하늘의 그릇은 마침내 죽은 이후에 서서히 완성되기 시작하여 2천년이 지난 오늘날에도 큰 쓰임새가 있는 그릇이 되었다大器晩成. 하나님의 소리는 들리지 않고大音希聲, 하나님의 형상은 모습이 없으며大象無形, 이름 없이 은밀히 거하지만道隱無名, 만물을 잘 이롭게 하고 완성시킨다善貸且成.

제 42장

도가 만물을 낳듯,
하나님도 만물을 낳고

1) 도의 변증법적 전개 과정

"도는 일을 낳고, 일은 이를 낳고,
이는 삼을 낳고, 삼은 만물을 낳는다."

道生一, 一生二, 二生三, 三生萬物.

노자는 우주의 근원인 도에서 일一이라는 '하나'의 원기元氣가
발생하였다고 말한다. 이어서 이 '하나'에서 다시 '둘' 곧 음양
陰陽이라는 '이二'가 생성되어 나왔다고 말한다. 그런데 이 음양
이라는 '둘'에서 만물의 전개가 끝나지 않고, 다시 '셋'이라는
'삼三'으로서의 음양 합일의 '화和'가 발생하였고, 그 화합으로
서의 '삼三'에서 만물이 생성되었다고 말한다. 한마디로 도에서
비롯되는 우주만물의 전개 과정을 변증법적으로 잘 설명해 주고
있다. 이렇게 우주 만물의 근원인 도에서 출발한 일과 이와 삼

의 전개 과정 끝에 생산된 만물은 이미 그 속에 음을 지니고 있고, 동시에 양을 껴안고 있다. 이러한 음양의 결합으로써 이루어진 만물은 그 속에 이미 텅 빈 기운으로서의 충기沖氣가 있기 때문에 화합이 가능한 것이다. 그러므로 만물이 조화롭게 생장 발전할 수 있는 데에는 오로지 도의 원리인 무無로써의 충기가 다시 한 번 중요한 것임을 역설하고 있는 것이다.

노자가 본 장에서 말하는 도는 음양을 포괄하는 도로서 우주의 본원本原을 말하고 있다. 바로 이 우주 본원으로서의 도에서, 아직 천지가 분화되기 이전의 원초적인 혼돈의 기운인 원기元氣, 곧 일一이 생겨났다는 것이다. 〈회남자, 천문훈淮南子, 天文訓〉에서도 "도라고 하는 것은 '하나一'의 원리에서 시작된다. '하나' 이지만 분리되면 음양이 되고, 음양이 합하여 만물이 생성된다. 그러므로 일一은 이二를 낳고 이는 삼三을 낳으며 삼은 만물을 낳는 것이다."라고 했다. 하나, 곧 일一에서 음양으로 전개하는 과정에 대해서는 〈역易, 系辭〉에서도 다음과 같이 말하고 있다. "그러므로 '역易'에는 태극太極이 있으니, 이것이 양의兩儀를 낳는다是故'易'有太極, 是生兩儀." 여기서 '양의'는 하늘天과 땅地을 가리킨다. 전통적으로 중국의 학자들은 도道와 역易을 이름만 다르지 같은 본체라고 생각했다. 이렇게 볼 때, '일一'은 '태극太極'을 가리키며, '이二'는 '양의兩儀'로서 천지天地를 뜻한다. 천지의 두 기氣가 화합하여 삼三을 낳는다. 천지의 화합으로 얻어진 결과인 삼三에서 만물이 생겨나는 것이다.

노자는 일, 이, 삼, 만물로 이어지는 세계의 변증법적 운행 현실이 도의 운행과 그 결과로 보았는데, 이는 서양 철학자 헤겔이 세계를 변증법적 발전과정으로 이해했던 것과 부분적으로 상통하는 바가 있다고 보는 학자들도 있다. 물론 헤겔 자신도 그의 〈논리학〉속에서 노자의 철학 사상을 높이 평가한 바 있다. 예컨 대 노자의 우주변화와 전개 방식이 자신이 논증하고자 했던 변 증법적 전개 방식과 구조적으로 일치하거나 유사하다는 점을 말 했던 것이다. 유사성을 들어 본다면, 노자의 우주변화 전개의 출 발점은 도道다. 헤겔의 경우는 절대이념 혹은 절대의 논리 그 자 체다. 물론 노자의 도와 헤겔의 절대이념이 같은가 하는 문제는 논쟁거리가 되겠지만 정正, 반反, 합일合一로 진행되는 변증법적 원리의 전개 방식에서 논리적 구조의 유사성을 지니고 있는 것 은 틀림없다.

헤겔의 '논리logic'에서 '정'은 세계의 본원本原이며, 역사의 출발점이다. 이에 비교되는 노자의 '도' 또한 우주 발전과 역 사의 출발점이다. 헤겔의 절대이념은 노자의 '유有' 또는 '상유常有, 항상 있음'와 '무無' 또는 '상무常無, 항상 없음'와 대비되면서, '상유常有'와 '상무常無'의 변증법적 통일성을 이룬다는 것이다. 이러한 통일성 속에서 절대의 '일一'이 지속되고 유지된다는 것 이다. 물론 헤겔의 절대이념은 순수 형이상학적 관념론의 논리 다. 이를 두고 노자의 도를 헤겔의 '논리'와 개념적으로 비교한 다는 것은 부적절하다는 지적이 있을 수 있지만, 노자의 도 또한 보편적 개념으로서의 형이상학적 원리의 성격을 지니고 있는 것 인 만큼 충분히 비교 검토될 수 있는 성향이 있다.

도道라고 하는 개념도 타에 의존하는 것이 아니라 '스스로 그 러함自然'이라는 절대적 자기충족, 혹은 절대적 자유자재의 성질 을 지니는 것이므로, 도의 움직임 자체가 스스로 자신을 외화外 化시켜서 자신의 대상對象으로 삼는 과정이다. 그리스도교 신학적 관점에서 본다면, 하나님도 자신이 홀로 존재하지 않고, 하나님 자신 안에 내포된 삼위일체의 형상을 따라 세계를 창조했다. 이때의 창조를 신학적으로 '하나님의 자기 소외'라고 부르는데, 이를 '하나님의 자기 외화外化'라고 표현할 수 있을 것이다. 하나님은 스스로 자신을 '외재화外在化'시켜서 현상 세계를 창조하고, 그 피조물 속에서 하나님, 곧 '로고스'로서의 '도'의 움직임을 보게 하시는 것이다. 만물이 '하나'인 '하나님'에게서 나와서, 만물이 '하나一'인 '하나님'에게로 돌아가는 원리와 같다. 마치 예수가 하나님의 품으로 돌아가듯이.

이상의 내용을 정리하면, 우주의 근원으로서 '스스로 그러한' 보편적 법칙으로서의 도는 세계의 영원한 절대적 존재인 '하나一' 곧 '원기元氣'를 탄생시키고, 이 영원 보편적 무한성으로서의 '원기'는 하늘ㅈ 공간과 땅을 탄생시켰고, 하늘과 땅, 곧 천지는 인간을 포함한 지구상의 모든 생명체와 존재를 탄생시켰다. 일, 이, 삼으로 표현되는 우주의 전개는 도에서 출발하여 도로 다시 돌아가는 과정을 보여준다. 노자의 도가 헤겔의 절대개념과 변증법적 논리의 전개 방식에서 유사성을 보이지만, 영원히 순환 반복하는 노자의 도의 흐름과 헤겔의 절대이념의 자기 전개 사이에서 차이점을 찾아본다면, 노자는 '음양의 조화'를 통한 만물의 생성을 말하고 있는 반면, 헤겔은 정반正反의 '이분법적 대결' 구도 속에서 합合을 이루어가는 역사관을 주장하고 있다는 점이다.

그러나 헤겔의 변증법은 시원적인 출발로서의 보편적 절대이념이 자기 '부정성'을 통해 개별적인 현상인 '특수'로 전개되지만, 그 '특수'는 다시 '보편'으로 회귀한다는 점에서 원환적인 구조를 지닌다. 이 점은 다시 노자가 "되돌아가는 것이 도의 움직임이다反者道之動"라고 말하는 것이다. "도의 뿌리로 돌아간다復歸於其根"는 표현 등이 헤겔이 말하는 절대이념의 순환 운동과 유사성을 보이기도 한다. 중요한 것은 노자나 헤겔 모두 '순환의 법칙'으로서의 도와 절대이념을 말하고 있다는 점인데, 차이가 있다면, 노자는 도가 '만물 생성의 기초 원리'로 보고 있는 반면에 헤겔은 절대이념으로서의 '사유방식'에 초점을 두고 있다.

『도덕경』의 본문 42장을 1장無, 名天地之始, 有,名萬物之母과 40장天下萬物生於有, 有生於無에 비추어 생각해 본다면, "도가 일一을 낳고"라는 표현에서 도道는 무無에, 일一은 유有에 각각 해당하는 것으로 볼 수 있다. 이 모두가 도道에서 만물이 발생하고 운행한다는 것을 말해주는 것이다. 또한 천지나 음양으로 해석되는 '이二'는 물론 형이상학적 차원의 '무'와 '유'로 해석된다. 진고응의 해석에 의하면, 형이상학적 무와 유가 구체적인 형이하학적 의미를 지니게 될 때는 노자 2장에서 말하는 '있고 없는 것도 서로 생겨난다有無相生'는 유와 무에 해당하게 된다. 이때의 '생生'은 곧 '삼三'으로서의 만물을 생성시키는 원리이다. 물론 이러한 해석은 진고응의 견해이지만, 의미 있는 노자 해석법 가운데 하나라고 생각된다.

반면에 서양 학자로서 마왕퇴馬王堆 한묘漢墓 백서帛書 『노자』(1995) 연구로 권위를 지닌 독일의 한스 게오르그 뮐러Hans-Georg Moeller는 '도생일道生一'의 '일'은 '무'에 해당하고, '이'는 '유'에 해당하는 것으로 해석한다. 그에 따르면 '일'은 도의 직접적인 '산물'이며, 하나의 통일체로서 우주 전개의 '발단'이 되고 있다는 것이다. '이'는 우주 운행규율의 기본적인 두 요소 二元로서의 음양陰陽을 지칭한다고 말한다. 결국 '일'은 미분화된 '무'이며, '이'는 음양의 '유'로서, '일'과 '이'의 결합으로서 '삼三'이 되었고, '삼'은 다양한 세계 만물을 산출한다고 하였다. 그러나 이것은 '역사'의 발전 과정으로 보아서는 안 되며, 어디까지나 음양의 결합이 공동으로 이루어지는 공시적共時的 발생으로 이해해야 한다고 주장한다.

이를 영어식으로 다시 표현 한다면, "With the Dao, there is oneness; with oneness, there is twoness(도와 '함께' 일一이 있었다. 일과 '함께' 이二가 있었다)."라고 번역해야 옳다는 것이다. 이는 일과 이 모두 공동으로 병존하며 상호의뢰 하고 있음을 말하는 것이지, 진화론적 발전의 역사과정을 말하는 것이 아니라는 것이다. 뮐러에 따르면 '도'의 '일'은 두 가지 요소를 이미 내포하고 있는 혼돈의 미분체이며, 우주 운행의 중심이 된다는 것이다. 인체에 비유하면 심장과도 같고, 수레에 비유하면 바퀴 축과 같은 것이고, 국가로 말하면 최고 통치자에 해당한다. 『도덕경』 39장에서 말하고 있는 대로, 이러한 '일'을 얻어서 하늘은 맑아지고, 땅은 안정되며, 신령은 영험해지며, 계곡은 차오르고, 후왕은 천하의 바름이 된다는 것이다.

한편 진고응이 보는 '일'은 어떠한가? '도가 일을 낳는다'는 형식의 논리에서 보면 진고응의 견해도 타당하고, '도가 일과 함께 있었고, 일은 이와 함께 있었다.'는 식의 논리에서 보면 뮐러의 주장도 타당하다. 그러나 엄밀히 따지고 보면 이들 두 견해도 미분의 통일체인 '일'에서 음양이라는 '이'가 상호 내재적으로 형성되어 가는 것을 말한다는 점에서는 차이가 없다. 진고응의 주장을 요약하면 다음과 같다. 도가 독립 자존적이어서 짝이 없는 '하나'를 낳고道生一, 하나로서의 혼돈 미분의 통일체가 무와 유의 양면을 지니고 있었다一生二. 그러던 도의 무형질無形質이 유무상생有無相生하는 새로운 형태를 지니게 되었다二生三. 이러한 새로운 형태는 모두 '없어지고 생기는' 상황 속에서 만물로 생산된 것이다三生萬物.

우리는 바로 '있다가도 없어지고 없다가도 생겨나는' 이 순환의 원리 속에서 변화를 지속하게 하는 대자연의 법칙인 도를 다시 생각해 보게 된다. 역사 속에 던져진 실존적 개체로서의 '나'는 도대체 이 광활하고 무한한 우주의 흐름 속에서 어떤 존재로 매김될 수 있는가? 매일의 '현상' 속에서 나의 근원적 본질인 '뿌리'를 되찾아 보자는 것이다. 노자가 말하는 '뿌리로 돌아간다.' 하는 그 '뿌리' 말이다. 근원으로서의 뿌리를 알면, 바다에 표류하는 돛단배처럼 고독하거나 불안하지는 않을 것인가? 보편적 원리로서의 '스스로 그러함'이라는 도에 내 마음과 몸을 맡긴다면 비록 바다에 표류하는 돛단배 같을지라도 그 순간이 오히려 즐거울 수 있지는 않을까? '바다'를 떠난 파도의 '물방울'이 없듯이 '보편'에서 떠난 '특수'가 없을 진대, 역사에 던져진 '나'라는 실존도 이제는 우주의 거대한 흐름인 '스스로 그러함'에 내어 맡길 때 비로소 자유 함을 얻게 되는 것은 아닐까? 그야말로 하나님에게 모든 것을 내어 맡긴 예수처럼.

제 43장

'지유至柔'와 로마를
정복한 예수의 온유溫柔

"천하에서 가장 유연한 것이 가장 단단한 것을 지배하고
형체가 없는 무無는 틈이 없어도 들어가니
나는 이로써 무위가 유익하다는 것을 안다.
말없는 가르침과 무위의 유익함을 천하에 행하는 자가 드물다."

天下之至柔, 馳騁天下之至堅,
無有入無間, 吾是以知無爲之有益.
不言之敎, 無爲之益, 天下希及之.

노자의 사상체계 가운데 가장 중시되는 요소 가운데 하나가
'유柔'로서의 '부드러움'이다. 이는 곧 유연하고 유약함으로 설
명되기도 하는데, 노자가 앞선 본문에서 '부드럽고 약한 것이
단단하고 강한 것을 이긴다.'고 했던 바와 연결되는 이야기다.
특히 본문에서 '가장 부드러운 것至柔'이라는 표현을 쓰고 있는

것은 도道의 모습이 그러하다는 것으로, 인간이 감각으로 파악하기 어려울 정도의 유연함을 말한다. 그러한 유연성은 마치 기수가 말 등에 올라타서 강하고 힘세게 달리는 말을 조종馳騁할 수 있는 이치와 같다. 그것은 비단 말馬 뿐이 아니라, 천하에 그 어떤 강하고 견고한 것至堅이라 할지라도 부드럽고 유연함 앞에는 당할 것 없다는 뜻이다. 아무리 강한 철도 부드러운 물에 부식이 되고, 단단한 다이아몬드도 그 속에 기氣가 내포되어 있다. 물론 여기서 말하는 '가장 단단한 것至堅'이라는 뜻은 감각적 경험 세계의 모든 내용물을 포함한다.

왕필도 본문을 주해하면서 지극히 부드러움至柔을 기氣로 보고, "기는 들어가지 못하는 곳이 없고, 물은 지나가지 못하는 곳이 없다氣無所不入, 水無所不經."고 했다. 유약柔弱은 그래서 허무虛無하고도 통한다. 허무주의가 말하는 '허무'가 아니라, 텅 빈 실체를 말하는 것이다. 노자에게서 '유柔', '약弱', '허虛', '미微'는 모두 도道의 특성을 말해주는 일종의 다른 표현 방식이다. 이러한 개념을 심리적으로 표현하자면, 부드러운 마음이 강하고 단단한 억센 마음을 이긴다는 것이다. 일종의 유연성의 승리다. 마음을 비우고 부드럽게 할 때, 점점 더 관용성이 생기고 용서와 사랑의 마음이 커져 간다. 그러나 마음을 좁혀서 단단하게 만들수록 분노와 적대감만 커져가는 법이다. 사물의 본질을 꿰뚫고 사물 사건을 있는 그대로 관조하면서 초연한 마음으로 대할 수 있다면, 조급하게 다그치면서 화를 자초하게 되지는 않을 것이다. 그래서 유연하고 텅 빈 마음의 명상이 필요하다.

형체도 없는 무無有가 빈틈없이 빽빽한 형체가 있는 물체 속에 들어간다入無閒는 것도 바로 지극히 유연함至柔의 결과다. 부드러운 물이 흙과 나무뿌리에 스며들듯이, 끝내는 강철도 부식시키는 것이 부드러운 물의 위력이다. 장자의 비유에서 보는 바와 같이, 소를 잡는 백정이 놀이하듯이 순식간에 두터운 소의 뼈와 뼈 사이를 갈라 각을 떠내는 것도, 바로 칼날이 두텁지 않기 때문이라 했다. 이 또한 도의 본질적 속성을 비유한 것이다. 도道는 근본 '두께'가 없는 유연함을 바탕으로 하기 때문에, 그 어떠한 장애물도 침투하여 들어가거나 극복할 수 있다. 이것은 도가 이 세상 우주 만물 속에 그 어느 것에도 미치지 못하는 바가 없다는 뜻이기도 한다. 이른바 무소부재無所不在, 무소불능無所不能이다. 도의 이러한 기능을 좀 더 확대 해석하면 도는 그 어떠한 것에도 의존하지 않는 독립자족獨立自足적이며 스스로 존재하며 스스로 그러한自在自爲, 현실세계의 근원으로서 자존적 존재다. 그리하여 우주 세계는 도의 영향력이 미치지 않는 곳이 없게 된다. 이른바 도에 인격성을 가미하자면, 범재신론汎在神論적 성격을 띤다는 것이다.

노자는 이러한 '유柔'의 본질을 통찰하고 강한고 단단한 무력적 통치나 권력에 입각한 강자의 논리를 철저히 배격함으로써, 인위적인 행위를 일체 떠난 '무위無爲'의 유익함과 그 종국의 승리를 바라보게 되었다. 인간의 인위적인 행위가 아무리 훌륭한 것이라 해도 무위에 비하면, 조화造花가 생화生花 보다는 못한 이치와 같다. 그런데 이러한 무위의 유익함을 알고 행하는 자는 드물다는 것이 노자의 생각이었다. 그래서 그는 "말없는 가르침과 무위의 유익함을 천하에 행하는 자가 드물다"고 했던 것이다. 여기서 '말 없는 가르침不言之敎'에 대해서는 크게 두 가지의 해석이 가능하다. 하나는 '불언不言'을 '불가언설不可言說'로 해석하여, '말로 표현할 수 없는 가르침'으로 이해할 수 있다는 것이다. 이렇게 보면 '불언지교'는 '말로 표현할 수 없는 가르침'이라는 뜻이 되므로, 도의 또 다른 측면으로서 말로 표현할 수는 없는 자명自明한 가르침이라는 해석이 가능하다. 또 한 가지 다른 해석은 그저 '말이 없이' 행하는 가르침으로 생각해 볼 수 있다. 공자가 말하는 '말없는 실천적 가르침行不言之敎'의 뜻과도 통하는 이야기다. 이 부분은 어느 것으로 해석해도 크게 차이가 없을 것이다.

노자가 천하의 가장 '부드러운 것'이 천하에서 가장 '단단한 것'을 이긴다고 했던 이 생각은 그의 본문 도처에서 나타나는데, 78장에서도 유사한 비유를 하고 있다. 예컨대, '부드러움'의 위대성을 '물'에 비유한 것이다. "천하에 물보다 유약한 것이 없지만, 견고하고 강한 것을 공격하기에는 이것에 겨루어 이길만한 것이 없다天下莫柔弱於水, 而攻堅强者, 莫之能勝"고 한 것에서 보는 바와 같다. 이 같이 노자 본문에서 유사한 내용이 중첩되어 나오는 것은 노자가 처음부터 일관되게 『도덕경』을 저술한 것이기 보다는 후대에 여러 판본이 함께 편집되는 가운데 유사한 중복이 첨가되었을 수 있음을 보게 된다.

노자가 말하는 지극한 부드러움至柔, 곧 세상에서 가장 유연한 것은 바람과 같고 물과 같은 것이다. 이 처럼 연약해 보이는 물과 바람으로서의 기운氣運은 천하에 그 어떠한 견고한 성도 끝내 무너뜨리거나 이길 수 있다. 예수는 스스로 이르기를 "나는 온유하고 겸손하니, 나의 멍에를 메고 나에게서 배우라."고 했다. 실로 그의 삶은 비폭력, 평화와 사랑의 정신으로 충만한 것이었기에 누구에게나 온유한 태도로 일관했다. 때로는 성전에서 장사를 하면서 성소의 의미를 타락시키는 자들에게 정의의 분노를 보였지만, 그것으로 그의 온유한 삶을 부인하지는 못한다. 그의 사랑과 정의의 정신은 오히려 온유와 겸손에서 나온 것이었다. 온유의 뿌리는 어디에 기인하는 것일까? 인위적인 행위有爲가 아니라 하늘의 뜻天意을 따르고자 한 그였기에, '천의天意'로서의 '무위無爲'의 유익함을 알았기 때문이리라. 말보다 실천이 앞섰던 그의 가르침도 바로 무위의 유익함과 통한다. "너희 중에 죄 있는 자가 먼저 돌로 치라."고 땅에 글을 쓰면서 침묵으로 항변했던 예수는 한없는 사랑과 관용의 온유한 정신을 실천한 사람이었다. 바로 그러한 온유한 사랑의 힘이 당대 최고의 강대국이었던 로마를 끝내 정복하고야 말았던 것이다.

제 44장

지족知足과 '천하보다 귀한 생명'

"명예와 생명 중에서 어느 것이 더 친하고
생명과 재물 중에서 어느 것이 더 중요하며
얻는 것과 잃는 것 중에서 어느 것이 더 병폐인가?

그러므로 너무 아끼면 반드시 크게 낭비하게 되고
너무 소유하기만 해도 반드시 많이 잃게 된다.
만족할 줄 알면 욕되지 않고
그칠 줄 알면 위태롭지 않아서 오래 갈 수 있다."

名與身孰親? 身與貨孰多? 得與亡孰病?
是故甚愛必大費, 多藏必厚亡.
知足不辱, 知止不殆, 可以長久.

사람이 살아가면서 없어서는 안 될 중요한 것들이 많이 있지
만, 사람의 목숨 그 자체보다 중요한 것이 또 있을까? 그렇지
만 우리는 알게 모르게 소중한 것들을 뒤로 하고 부차적인 것들

을 오히려 중시하며 살 때가 많다. 노자는 삶에 있어서 중요한 양생養生의 방법을 여러 곳에서 말해 주고 있는데 그 가운데서도 몸, 즉 생명의 중요성을 여러 곳에서 언급하고 있다. 본문에서도 '명예와 몸' 이 두 가지 중에서 무엇을 더 가까이 생각해야 할 것인지를 먼저 묻고 있다. 명예를 지나치게 추구하다가 자칫 소중한 몸 관리를 소홀히 하여 병을 얻게 되는 경우를 주변에서 자주 보게 된다. 또한 노자는 '몸과 재물' 가운데 어느 것이 소중한지를 묻는다. 사람들은 명예 못지않게 재물을 더 탐하는 경우가 많다. 하지만 재물도 몸보다 중요할 까닭이 없다. 그리하여 결국 얻게 되는 유익은 무엇이며, 잃는 것은 무엇인가를 따져보게 한다. 명예를 얻고, 재물을 얻는다 해도 건강을 잃고 생명을 잃으면 무슨 소용이 있겠는가 하는 것이다. 지극히 평범한 진리다.

재물을 잃을까봐 너무 아끼기만 해도甚愛 크게 손실을 보게 될 것이며大費, 많이 소유해 두기만 해도 크게 잃게 되리라고 노자는 경고한다. 그리하여 아낌없이 나누며 살되, 있는 바를 족한 줄로 알고 살면 욕될 일이 없을 것이고, 적당하게 그만 두어야 할 상황에서 그칠 줄을 알면 나중에 위태로움을 면하게 되어 평안히 오래 살 수 있다는 것이다. 여기서 '지나치게 아낀다甚愛'는 뜻을 우리는 다른 각도에서도 해석해 볼 수 있다. 앞에 나온 '명예와 생명' 이라는 관점에서 보면, 지나치게 아낀다는 뜻은 과분한 애착이라는 뜻도 되면서, 동시에 과분한 추구라는 뜻도 된다. 국가를 통치하는 왕의 경우에 국가의 명예를 위해 지나치게 군사적 규모를 확대하거나, 호화로운 궁전을 만들고 사치스럽게 성이나 연못을 만드는 행위 등도 '과분한 애착甚愛' 에 해당한다. 이런 것들이 모두 결국에는 큰 손실大費을 가져 오게 된다는 경고다.

이 본문에서 노자는 생명 존중 사상과 함께 몸의 건강과 장수를 도모하는 양생법을 동시에 말해주고 있다. 명리名利나 재화財貨는 모두 몸 밖의 외물外物이다. 이것들은 모두 천지가 부여한 존귀한 생명에 비길 수가 없는 것들이다. 그러므로 명리를 추구하느라고 자신의 생명을 돌보지 못한다면, 돌이킬 수 없는 치명적인 손실을 가져오게 된다. 그러므로 만족할 줄 알고知足, 그칠 줄 알면知止 욕됨과 위험에서 벗어나 평안을 누리게 되는 것이다. 나쁜 행위를 그치는 것도 중요하지만, '지어지선止於至善'이라는 말이 있듯이 지극한 선에서 머물 줄 알아야 한다. 이러한 '지족知足'의 정신은 노자가 29장에서 "성인은 정도에 지나치거나, 사치하거나, 거만하지 않는다聖人去甚, 去奢, 去泰."고 말하는 것이나, 46장에서 "만족할 줄 알아서 얻은 만족이 항상 만족스런 것이다知足之足常足矣."라고 하는 말에 잘 나타나 있다. 예컨대 만족할 줄 아는 인생이 자신의 생명을 오래 보존할 수 있다는 원리다. 특히 노자는 당시에 염치도 모르고 재물과 명예만을 탐하던 탐관오리나 귀족, 정치인들에게 비판적인 목소리를 높이고 있는 것이다.

한 걸음 더 나아가 '명예와 생명' 두 가지 중에서 어느 것이 더 중요한가라는 질문을 일개 개인의 관점에서도 이해할 수 있지만 국가적 차원에서도 해석이 가능하다. 노자 당시의 배경을 살펴보면 국가는 전쟁을 일삼고 정치인들은 자신들의 권력과 명예를 추구하기에 급급히였는데, 국가가 아무리 자신의 명예를 자랑하고자 해도 함부로 백성들의 생명을 희생시켜 가면서까지 부국강병을 자랑해서는 안 된다는 일침이기도 하다. 국가의 통치자인 왕이나 귀족들의 명예보다 더욱 소중한 것이 백성들의 목숨이라는 것이다. 전쟁으로 인해 개인의 목숨이 초개처럼 버려지는 생명 경시의 풍조에 대하여 백성들 하나하나의 목숨이 얼마나 소중한 것인가를 다시 일깨워주고 있는 것이다.

예수 또한 제자들과의 문답 가운데서, "너희가 온 천하를 얻고도 자기의 목숨을 잃으면 무엇이 유익하겠는가?"라고 반문했다. 또한 재물에 대해서도 경고하기를 "너희를 위하여 보물을 땅에 쌓아 두지 말라. 거기는 좀과 동록銅綠이 해하며, 도적이 구멍을 뚫고 도적질 한다."고 했다. 그리하여 그 "보물을 하늘에 쌓아두라. 거기는 좀이나 동록이 해하지 못하며 도적이 구멍을 뚫지도 못하고, 도적질도 못한다."고 했다. 하늘에 쌓아 둔다는 것은 무슨 뜻인가? 하늘 공간이 따로 있는 것이 아니라, 예수가 부자 청년에게 말했듯이, 바로 가난한 자와 소외된 자들에게 자선을 베푸는 '나눔'의 실천을 말하는 것이다. 있으면 있는 대로 베풀고, 없으면 없는 대로 만족할 줄 아는 삶, 거기에 참 생명의 평안이 오래 유지될 수 있을 것이다.

제 45장

도의 진면목과 맑고
고요한^{淸靜} 평화의 혁명

"가장 원만하고 좋은 것은 어딘지 결함이 있는 듯하지만
그 작용은 쇠하지 않는다.
가장 충실한 것은 어딘지 비어 있는 듯하지만
그 작용은 모자람이 없다.

가장 곧은 것은 어딘지 굽은 듯하고
가장 뛰어난 기교는 어딘지 서툰 듯하며
가장 웅변적인 말씨는 어딘지 어눌한 듯하다.

부지런히 움직여 추위를 이기고
안정을 취함으로써 더위를 극복할 수 있으니
맑고 고요함은 천하의 바른 규범이 된다."

大成若缺, 其用不弊, 大盈若沖, 其用不窮.
大直若屈, 大巧若拙, 大辯若訥.
躁勝寒, 靜勝熱, 淸靜爲天下正.

본 장에서 말하는 것은 도의 법칙과 작용에 관한 것이지만, 동시에 사람의 인품에 비유하여 말하고 있다. 따라서 인품이 도의 작용과 같이 수양되어야 함을 말하는 것이다. 이른바 수신修身의 도리를 말하고 있는 것이다. 도의 법칙을 여러 가지로 비유하면서, '대성大成', '대영大盈', '대직大直', '대교大巧', '대변大辯'을 말하고 있다. 모두가 크게 이루고, 크게 가득차고, 크게 곧고, 크게 교묘하고, 크게 웅변하는 도의 모습을 겉으로 얼핏 볼 때는 각각 모자란缺 듯하고, 비어있는沖 듯하고, 굽은屈 듯하고, 졸렬한拙 듯하고, 어눌한訥 듯 하다는 것이다. 도의 본 모습과 겉모습의 차이를 말해 주는 것인데, 실상은 도의 겸허한 자세를 말하고 있다.

'대성大成'을 직역하면 크게 이룬다는 뜻이다. 그런데 이룬다는 뜻의 '성成'을 '선善'으로 해석하기도 한다. 그렇게 보면 '대성'은 크고 원만하여 좋은 것을 뜻한다. 그런데 원만하고 좋아 보이는 것도 어찌보면 어딘지 결함이 있어 보이는 듯 하다는 이야기다. 그럼에도 불구하고 그 원만함으로 인해, 쉽게 부러지거나 고갈되지 않고 다함이 없다. 도는 본질적 측면에서는 결함이 없는 것이지만, 외관상 바라볼 때 그렇게 보인다는 것으로 이는 보는 자의 관점에서 사실 결함이 있는 것이다. 다시 말해서 도의 세계는 완전무결하지만 어리석은 인간의 관점에서 볼 때는 결함이 있어 보인다는 뜻이다.

마찬가지로, "가득차서 충실한 것도 외견상 비어 있는 듯하다"는 것도, 도의 실제 세계는 충만하고 충실한 것이지만 어리석은 자의 관점에서 볼 때는 그러한 세계가 공허空虛해 보인다는 것이다. 이러한 절대적 진리를 어리석은 상대적 가치에서 논할 때,

곧은 것도 굽어보이고大直若屈, 훌륭한 솜씨도 졸렬해 보이며大巧若拙, 훌륭한 말씨도 어눌해 보이는大辯若訥 법이다. 진리에 입각한 예수의 강직함은 바리새인과 서기관들에게는 '굽은 것'이었고, 그의 하늘나라에 관한 웅변도 '졸렬하고 무가치한 헛 수작' 정도로 보였을 것이다.

추위를 운동으로 극복하듯이躁勝寒, 냉엄함 현실도 부단한 노력으로 그 위난을 극복할 수 있으며, 아무리 더운 날에도 한가한 그늘에 앉아 있으면 더위를 이겨낼 수 있듯이靜勝熱, 격렬한 고난의 현실에서도 안정을 되찾음으로써 열병 같은 재난도 끝내 이길 수 있을 것이다. 마찬가지로, 세상이 아무리 혼탁하고 모순 속에서 좌충우돌할지라도 샘물처럼 맑은 정신이 살아 있으면 결국은 바르고 안정된 세계를 이룰 수 있을 것이다. 맑고 고요함淸靜이야말로 끝내 천하를 평화롭게 하는 규범天下正이 된다는 것이다.

오늘날과 같은 치열한 경쟁시대, 정직한 사람이 어리석어 보이고 재능이 있는 사람이 무능해 보이는 어지러운 세상에서 진정 숨어있는 진실한 가치를 발견하고, 서로에게 용기를 북돋우어 줌으로써 냉엄한 현실을 딛고 일어서는 맑고 고요한 사랑의 따뜻한 혁명이 온 누리에 골고루 퍼지기를 충심으로 기원해 본다. "나사렛에서 무슨 선한 것이 나겠느냐?"고 일부 사람들은 예수를 비꼬며 말했지만, 그는 갈릴리 작은 마을들을 고루 다니며 가난하고 소외된 민중들과 함께 밥상을 나누고 평화의 세상이 오기를 하나님에게 기원했다. 그의 맑고 고요한 기도가 하늘을 감동시켰고, 끝내 평화의 세상을 이루는 모범이 되었듯이 말이다.

제 46장

군마를 되돌려
평화의 밭을 갈게 하라

"천하에 도가 있으면 전쟁의 군마를 되돌려 밭의 분뇨를 끌게 하고
천하에 도가 없으면 전쟁의 군마가 성 밖에 서성인다.
화는 만족할 줄 모르는 것보다 큰 것이 없고
허물은 탐욕을 일으키는 것보다 큰 것이 없다.
그러므로 만족할 줄 알아서 얻는 만족이 항상 만족스런 것이다."

天下有道, 却走馬以糞, 天下無道, 戎馬生於郊.
禍莫大於不知足, 咎莫大於欲得, 故知足之足常足矣.

천하에 도道가 행해지는 것과 그렇지 못한 것의 차이는 그 사
회와 국가가 얼마나 평화로운가 하는 데서 더욱 분명해진다. 특
히 노자가 살던 당시는 전쟁이 비일비재 했으므로 더욱 그러했
을 것이다. 노자는 통치자가 탐욕으로 인해 전쟁을 일으켜서 이
웃나라의 영토를 침략하고 인명을 살상하며 무수한 재난을 일으

키고 있는 것에 대해 경고하고 있다. 그리하여 위정자는 욕망을 멈추고 군마를 돌이켜 농사에 활용해야 마땅함을 설하면서 청정하고 무위의 정치를 펼칠 것을 권고하고 있다.

노자는 도가 잠시라도 행해지는 평화로운 시기에는 전쟁에 나가던 군마라도 돌이켜 밭에서 분뇨를 나르게 하는 데 사용하게 되지만, 도가 무너지는 사회와 국가에서는 성 밖에 항상 군마가 대기하고 있을 뿐만 아니라, 농마를 오히려 군마로 내보내게 되고 만다는 것이다. 노자는 본장에서 도의 유무를 전쟁과 평화라는 각도에서 설명하고 있다.

따지고 보면 크고 작은 모든 전쟁은 만족할 줄 모르는 탐욕에서 비롯된다. 왕이나 지배층은 물론 개인도 마찬가지다. 그래서 노자는 모든 화근禍根이 만족을 모르는 데 있고, 허물 또한 탐욕에서 시작되는 것이라고 재차 강조하고 있다. 불교에서도 인간 행위에서 가장 큰 해독害毒은 탐욕, 어리석음, 분노의 세 가지 라고하며 그중에서도 탐욕을 가장 먼저 언급하고 있다. 성서의 가르침도 마찬가지다. "욕심이 잉태한 즉 죄가 있고, 죄가 장성한 즉 사망이 있다."고 했다. 죽음에 이르는 길은 바로 '욕심'이라는 것이며, 그것은 태초의 인간으로 상징되는 아담이 그의 아내 하와를 말미암아 금단의 열매를 먹게된 '원죄'의 실마리가 되었던 것이다. 그래서 노자는 말한다. "만족할 줄 알아서 얻는 만족이 항상 만족스러운 것"이라고. 쉽지만 어렵고 어렵지만 쉬운 교훈이다.

인류 역사의 어느 시대를 막론하고 전쟁이 그친 날이 없다. 구약성서 시대에도 마찬가지였다. 그리하여 정의와 평화를 외친 예언자들은 "칼과 창을 녹여, 호미와 곡괭이로 만들라."고 경고 했다. 그러나 피의 살육은 여전하였다. 심지어 여호와 또한 전쟁을 승리로 이끈 민족의 영웅적인 신이었고, 인도 아리안 민족이 인도 원주민을 정복할 때도 그들의 신, 인드라는 전쟁 영웅의 신으로 숭배를 받았다. 어느 나라치고 전쟁 없이 국가가 유지되어 온 적이 있는가? 영토의 확장을 위해서 혹은 식량을 위해서, 근세의 오일전쟁과 같이 기름 확보를 위해서 등 갖가지 명분으로 전쟁은 계속된다. 오늘날에도 여전히 중동이나 아프리카 각국에서 강대국의 대리전 같은 내전이 끊임없이 일어나고 있지 않은가?

도道가 땅에 실추되고 전쟁의 기운이 활발하던 노자 시대에는 군마가 벌판에서 판을 쳤지만 오늘날에는 전투기나 탄도 미사일 등이 굉음을 내면서 하늘에 난무하고 있다. 강대국들은 물론 중, 소국가들도 무기 경쟁에 열을 올리고 있고, 탐욕스런 권력자들은 과부하가 걸린 무력을 사용하지 않을 수 없을 만큼 호전성에 불타고 있다. 탐욕의 끝을 모르는 권력가들의 일생은 언제나 허망하다. 물론 개인의 삶도 마찬가지다. 그러나 국가의 권력가나 통치자의 탐욕은 그 파괴력이 막대한 것이다. 역사상 전쟁을 통하여 얼마나 많은 인명이 희생되었던가 하는 것은 재론의 여지가 없다. 물론 여기서 노자가 지칭하는 탐욕가들이란 권력의 통치자를 일차적 대상으로 하고 있다. 만족할 줄 모르고 끝없이 영토를 확장해 가려는 군주와 정치가들을 향해 쓴 소리를 하고 있는 것이다. 그래서 노자는 오히려 '소국과민小國寡民'의 평화로운 국가를 소원했던 것이기도 하다.

결론적으로 만족할 줄 모르는 욕심이 전쟁을 일으키고, 그 결과는 죄와 화를 초래하여 파국으로 치닫고 만다. 개인에 비해 통치 권력자일수록 그 죄악의 영향은 중대하며, 인류사회의 평화 공존에 미치는 해악이 크다. 한국 근대사의 경우만 해도 청일전쟁을 비롯하여 일본제국주의의 탄압과 한국전쟁, 그리고 군부 독재로 인한 민중의 희생이 얼마나 컸던가? 기원전 6세기 노자가 살았던 중국 고대의 춘추시대나 그 이후의 전국시대는 물론이거니와, 예수가 살았던 시대도 권력자에 의한 전쟁과 폭압은 마찬가지였다. 팍스 로마나로 불리는 '위장된 평화' 속에서, 조그마한 지중해 변방의 나라 이스라엘의 민중도 탐욕에 가득 찬 로마의 통치자들과 내부적인 종교 지도자들의 희생양이 되어 고충 속에 살았다.

노자가 행복의 비결을 논할 때는, 단연 '지족知足'의 도리를 말한다고 보면 틀림없을 것이다. 스스로 만족할 줄 아는 것만큼 행복한 길이 없다. 반대로 탐욕을 멈추지 않는 한 항상 불행이 따라오기 마련이다. 이것은 만고의 진리이다. 예수 또한 이 행복의 비결을 알고, 산상수훈을 통해 팔복의 도리를 외쳤다. 그 가운데 첫 번째가 "마음이 가난한 자가 복이 있다. 천국이 저희 것이다."고 했다. 뿐만 아니라, 애통하는 자가 위로를 받을 것이고, 온유한 자가 땅을 기업으로 받을 것이며, 의에 주린 자가 배부를 것이고, 긍휼히 여기는 자가 긍휼히 여김을 받을 것이라 했다. 더 나아가 화평케 하는 자는 하나님의 아들이 될 것이고, 의를 위해 핍박을 받는 자는 천국이 저희 것이라 했다. 예수가 말하는 천국이 어디에 있느냐 하는 것은 해석상의 차이에 따라 여러 가지 논란의 여지가 있다. 다만 한 가지 분명한 것은 마음에서 얻어지는 지극한 평화라는 것이다. 이는 곧 노자가 말하는 '지족'

의 행복이나 '반전 평화'의 논리와 상통하는 것이다. 비록 오늘
은 내가 가난해도 '지족'을 통하여 만족을 누리는 삶, 그 행복한
삶을 오늘도 시작해 보자.

제 47장

천도와 하나님의 얼굴

"집 밖으로 나가지 않아도 천하를 알고
창을 내다보지 않아도 천도를 알 수 있다.
나아가는 것이 멀어질수록 그 아는 것은 더 적어진다.
이로써 성인은 가지 않아도 알고
보지 않고도 이름 지어 부를 수 있으며
작위하지 않고도 이룬다."

不出戶, 知天下, 不闚牖, 見天道, 其出彌遠, 其知彌少.
是以聖人不行而知, 不見而名, 不爲而成.

대문 밖을 나서지 않아도 세상 돌아가는 이치를 안다는 것은
무엇을 의미하는 것인가? 도의 본체를 파악하면 현상적인 일들
은 일일이 들여다보지 않아도 알 수 있다는 논리다. 물론 도의
본체를 파악한다는 것이 결코 쉬운 일은 아니다. 그렇지만 마음
세계를 중시하는 노자의 유심唯心적 관점에서 본다면 이해 못할

것도 없다. 노자가 천하天下를 알고 천도天道를 알 수 있다고 말하는 것도 도의 관점에서 이해할 때, 불가능한 것이 아님을 말하는 것이다. 이는 마치 예수가 "천국이 여기 있다 저기 있다 하는 것이 아니라, 너희 마음에 있다."고 말한 것과 같다. 도의 본질을 이해하기 위해서는 공간적으로나 시간적으로 멀리 나아가야 하는 것이 아니다. 만일 멀리 나아갈수록 본질을 이해할 수 있는 것이라면, 우주 끝을 헤매도 본질을 이해할 수 없고 오히려 더욱 희미해질 뿐이다. 이는 이성적 인식이나 감각적 관찰을 중시하는 과학적 태도와는 거리가 멀다.

노자의 인식방법은 자기의 마음을 먼저 고찰해 봄으로써, 외부 세계의 우주적 본질까지 꿰뚫어 보는 직관의 방법이다. 이는 자아와 세계의 관계를 이원론적으로 파악하지 않고, 자아 속의 세계와 세계 속의 자아를 동일하게 관찰하는 것이다. 세계는 자아의 자각의 반영이다. 이런 점에서 노자와 불교는 상통하고 있다. 다만 노자는 세계 인식의 주체를 자아에서 출발하지만, 불교는 자아 그 자체를 문제 삼는다는 점에서 일정 정도의 차이가 있다. 그러나 노자의 인식이 부분적인 편견에 근거한 것이 아니라, 천, 지, 인의 활동을 통일적 관점에서 내다보는 자연적 판단에 근거한 것일 때는 천하와 천도를 이해함에 부족함이 없다는 것이다.

"나아가는 것이 멀어질수록 그 아는 것이 더욱 적어진다."는 노자의 역설은 사물의 이치를 궁구하여 앎에 이르는 유가儒家의 '격물치지格物致知'의 형식과도 다르다. 유가의 방식은 과학적 논리적인 태도이다. 그러나 앞서 말했듯이 노자의 인식은 부분적인 인식에서 전체로 나아가는 방식의 인식이 아니라, 우주적 도의 자연적 흐름을 직관하는 통일적이고 통시적인 인식이다. 그렇기 때문에 "성인聖人은 가지 않아도 알고不行而知, 보지 않아도 이름 지어 부를 수 있으며不見而明, 인위적으로 작위하지 않아도 이룬다不爲而成."

노자는 "창을 내다보지 않아도 천도를 알 수 있다."고 했는데, 천도天道는 자연적인 규율이다. 그리스도교식으로 말하자면 하나님의 얼굴이다. 아무도 하나님의 얼굴을 본적도 없고 볼 수도 없는데, 어떻게 하나님의 얼굴을 볼 것인가? 예수는 "마음이 청결한 자는 하나님의 얼굴을 볼 수 있다."고 했다. 안이 깨끗하면 바깥은 절로 환히 보인다는 것이다. 천지의 운행하는 모든 모습이 바로 하나님의 얼굴을 드러낸 것이 아닌가? 맑은 하늘에는 작은 흰 구름이 더없이 돋보이듯이, 맑은 영혼의 눈동자에게는 하나님의 얼굴이 더욱 선명해지리라. 이것은 인위적으로 알려고 해서 알 수 있는 것도 아니다. 오히려 인위적인 작위를 그만 둘 때 비로소 얻게 되는 무위의 성취다不爲而成.

오늘도 헛되이 분주하게 나돌아 다니기만 할 것이 아니라, 잠시라도 자신의 깊은 내면을 관찰하는 시간을 가져보면 어떨까? 하늘이 내게 있고, 하나님도 내게 있다. 이 내 마음속에 천국과 극락이 있고, 또 지옥도 있다. 마음 한 가닥 잘 정리하여, 조급한 마음과 산란한 마음을 가라앉히고, 스스로 돌아가는 자연 세계의 이치를 터득하여 하나님의 얼굴을 보듯 천도를 파악함으로써, 사물, 사건의 진실한 이치를 깨쳐보자. 이 모든 깨침의 출발이 바로 나 자신의 내면인 자아에서 시작 되는 것임을 알아, 부단히 '비움과 고요虛靜'의 명상수양을 통해 마음의 장애를 떨치고 세계의 진실을 깨치자. 이러한 '비움의 명상'은 비단 노자뿐만 아니라, 석가도 예수도 늘 기도하면서 터득했던 실천 수양법이었지 않던가? 예컨대 자기완성의 길은 천, 지, 인이 하나가 되는 자연과 역사의 필연성을 관찰하는 데서부터일 것이다. 그 관찰의 출발점 또한 탐욕의 제거에서부터이니, 노자가 10장에서 말한 바, "현묘한 거울의 때를 닦아서, 흠하나 없이 할 수 있겠는가?滌除玄覽, 能無疵乎?"라고 물었던 준엄한 질문부터 다시 깊이 되새겨 봐야 할 것이다.

제48장

무위와 십자가

"배운다는 것은 날로 더한다는 것이며
도를 따른다는 것은 날로 덜어내는 것이다.
덜어내고 또 덜어내어 무위에 이르면
하지 않아도 하지 않음이 없다.
늘 탈 없는 무욕으로 행하면 천하를 얻지만
탈 있게 행하면 천하를 얻기에 부족하다."

爲學日益, 爲道日損. 損之又損, 以至於無爲, 無爲而無不爲.
取天下常以無事. 及其有事, 不足以取天下.

학문을 추구하는 사람은 날마다 지식을 더해 가지만, 도를 추
구하는 사람은 날마다 그러한 지식과 정보마저도 덜어간다. '위
학爲學'은 외재적인 지식활동을 뜻한다. 이는 정치, 경제, 교육,
예절, 예술 등의 모든 방면을 뜻한다. 반면에 '위도爲道'는 명상
과 체험을 통하여 사물의 본말을 꿰뚫어 보는 것이다. 학문의 세
계는 끊임없이 외재적인 사물 사건에 대해 날마다 정보와 지식

을 축적함으로써 지식이 많아질수록 좋은 것으로 여기지만, 도를 닦는 다는 것은 설명할 수도 없고 명칭을 부여할 수도 없는 도의 성질을 깨닫는 것이므로, 수많은 정보와 지식을 오히려 덜어내야 한다. 마치 성서의 사도 바울이 깨달음을 체험하고 난 후에 일체의 "초등학문"을 쓰레기와 같이 버렸다는 것과 유사하다. 그러나 무조건 학문을 배척한 것이 아니라, 학문의 깊은 경지에 도달해 보았지만 도의 깨달음의 차원에 비길 것이 아님을 고백한 것이다. 오히려 학문이 일차적인 도움이 되었을 것이다. 다만 학문이 지식의 길이라면, 도는 지혜의 길이다. 학문을 많이 하여도 어린아이와 같이 순수하고 천진난만해 질 수만 있다면, 더욱 깊은 도의 경지가 될 것이다.

사실 세속적인 학문을 연구하면 할 수록 때로 요사스런 방법을 동원하게 되지만, 자연의 천도를 수행하는 입장에서는 사리사욕을 날마다 덜어가게 된다. 그리하여 도를 추구하게 되면 수많은 정보와 지식의 홍수를 멀리하고, 결국은 무위의 상태에 이른다. 도를 추구하는 사람은 학문과 같은 지식 분야에서만이 아니라, 정치, 경제, 사회적인 모든 활동에서도 세속적 욕망을 쌓아가기 보다는 오히려 날마다 덜어간다. 노자는 심지어 예의禮儀같은 부분에서도 형식적이고 외재적인 장식문화를 거절하고 있다. 오직 내면의 깨끗한 마음으로 자신을 감찰하고 검소하게 함으로써소박한 삶으로 돌아설 것을 말하고 있다見素抱樸. '위학爲學'의 길은 사사로운 명예에 집착할 가능성이 크지만, '위도爲道'의 길은 그와 반대로 인위적이고 사사로움이 없는 '무위'의 큰 길을 걷게 한다. 결국 무위에 이를 때 비로소 자연스런 삶이 가능하다. 자연스러움의 절정은 아무 것도 하지 않는 것 같지만 아무것도 하지 못하는 것이 없다. 마치 그리스도교에서 하나님이 아무 일도 하지 않는 것 같지만 하지 않는 것이 아무 것도 없는 것과 같다.

특히 노자는 나라를 다스림에 있어서, '위학'과 '위도'의 방법을 비교하고 있다. 학문의 길이 비록 나쁘다고는 할 수 없지만, 『도덕경』 20장에서 학문을 끊으면 근심이 없어진다는 '절학무우絕學無憂'를 말했던 점을 생각해 본다면 노자가 얼마나 급진적인 '자연스스로 그러함주의'를 택하고 있는지를 알 수 있다. 다시 말해서 '스스로 그러함'으로 이미 족한데, 무엇을 더 배워서 보태려고 하는가 하는 것이며 정치에 있어서의 '기교주의'를 비판하고도 있는 것이다. 『도덕경』 19장에서도 말하고 있는 바와 같이, '성聖'과 '지智', '인仁'과 '의義'마저도 버리고 끊으면 백성들의 이익이 백배가 되고 효성스러워지며 자애로워진다고 했던 점은 노자의 철저한 '자연주의'를 다시 한 번 보게 한다. 문제는 '스스로 그러함'의 원리를 모르기 때문에 날마다 보태기 위해 투쟁해야 한다. 그 투쟁 속에서 욕망과 다툼이 일어나게 된다. '욕망의 학문'과 '무위의 도'가 다툼을 일으키는데, '욕망의 학문'이 일시적인 승리를 얻는 듯해도, 끝내 '무위의 도'가 영원히 승리한다.

무위의 세계는 하늘이 텅 비어 자기를 내어 줌으로써 땅이 그 공간을 차지하고, 땅은 또 자기를 내어 줌으로써 인간과 더불어 온갖 동식물이 존재하게 된다. 그러므로 인간도 그러한 자연의 무위의 이치를 알아서 자기 비움의 삶을 실천해야 천, 지, 인이 하나가 되게 된다. 그래서 인간은 "늘 탈 없는 무욕으로 행할 때에는 천하를 얻게 되지만, 욕망을 앞세워 천하를 얻고자 하면 오히려 천하를 놓치게 된다."는 것이다. 예수가 말한대로, "주라 그리하면 너희가 얻을 것이다."는 황금율과도 같은 원리다. 주는 것은 비움이요 덜어냄이다. 예수는 자기 몸을 전부 주었다. 십자가의 죽음이 그것이다. 비우고 비운 극치의 결과가 십자가라는 뜻이다. 노자는 비우고 비우면 결국 무위에 이른다고 하였다. 그러니 예수의 십자가는 무위와 다름 아니다.

제49장

무심無心과 아가페

"성인은 늘 사심私心이 없다.
백성의 마음을 자신의 마음으로 삼는다.
선한 사람은 나도 선하다 하고
선하지 못한 사람도 선하게 대하니
덕이 참으로 선하게 된다.

신실한 사람은 나도 신실하다 하고
신실하지 못한 사람도 신실하게 대하니
덕이 참으로 미덥게 된다.
성인이 천하에서 검약하고 욕심을 없이하여
천하와 더불어 그 마음이 소박하게 하나가 되게 한다.
백성은 모두 그 이목에 집중하지만
성인은 이들을 아이들처럼 대한다."

聖人常無心, 以百姓心爲心, 善者吾善之, 不善者吾亦善之, 德善.
信者吾信之, 不信者吾亦信之, 德信.
聖人在天下歙歙, 爲天下渾其心, 百姓皆注其耳目, 聖人皆孩之.

성인聖人의 마음은 과연 어떤 것일까? 한마디로 단정할 수 없지만, 대개 무심無心 곧 사심 없는 마음으로 해석된다. 즉 사심私心 없는 공평무사한 마음으로서, 헛되고 간교한 마음인 사심邪心은 일찍이 찾아 볼 수 없다는 것이다. 사심이 없기에 '백성의 마음'을 자기의 마음으로 삼는다. 하늘이 민중의 소리를 외면하지 않듯이, 성인은 백성의 소리에 귀를 기울여 그들의 마음과 하나가 된다. 바로 그러한 것을 문제시하여 노자는 본장에서 '도道'를 실천하는 '성인'의 자세를 논한다. 그 자세 가운데서 특히 '착함善'과 '미더움信'의 덕목을 강조하고 있다. 성인이 사람을 대하는 태도는 일반 사람들의 방식과 다르다. 일반 사람들은 착한 사람을 착하다 하고, 나쁜 사람을 나쁘게 대한다. 그러나 성인은 나쁘다고 평하는 사람마저 '선하게 대해 줌'으로써, 선한 덕을 보여준다. 미덥지 못한 자에 대해서도 마찬가지다. 사람들이 미덥지 못하다고 비판해도 성인은 '미덥게 대해 줌'으로써, 결국은 그 사람도 미더운 사람이 되게 한다.

〈노자〉 왕필의 주석본에 따르면, '성인은 일정한 항상된 마음이 없다無常心.'는 식으로 본문을 기록하고 있지만, 마왕퇴馬王堆본의 발굴에 따라, '성인은 늘 사심이 없다常無心.'는 식으로 해석하게 되었다. 이것이 노자의 다른 본문에 비추어 볼 때 자연스러운 해석이 될 것이다. 물론 성인이 고정 불변의 고집을 내세우지 않는다는 식의 해석도 가능할 것이다. 그러나 새로운 고대 판본이 발견된 이상 굳이 그렇게 해석할 이유가 없다는 뜻이다. '무심'은 사사로운 의식이나 의지가 없다는 뜻이다. 개인의 편파적인 생각을 넘어서 보편적인 우주적 의식 곧, 신의 차원에까지 접어든다는 것이다. 이는 곧 하늘의 소리를 듣고 따르는 경지다. 온 백성의 소리가 하늘의 소리로 들리고 그 뜻을 따라 성인은 행동한다. 예수로 말하자면, 자신의 개인적인 판단이 아니라 하나님의 소리와 뜻을 따라 행동하는 것이다. 그래서 예수가 십자가를 앞에 두고, "아버지여 내 뜻대로 마옵시고 당신의 뜻대로 하옵소서."라고 기도 했던 바와 같다. 이것이 무심의 경지다.

무심의 경지에 이르니, 성인이 되어 선한 자나 선하지 않은 자를 차별하지 않고, 미더운 자나 미덥지 못한 자를 차별하지 않고 어린아이처럼 대하게 된다. 그리하여 예수는 세리와 창녀를 물리치지 않고 그들과 더불어 밥상을 대하며 새로운 변화의 세계를 염원했다. 이를 보편적 세계정신이라고 해도 좋고, 초월적 사랑의 아가페 정신이라고 해도 좋을 것이다. 무심無心의 정신은 무욕無慾의 정신이다. 사사로움이 없어지니 저절로 무한한 사랑의 의식이 된다. 비로소 원수까지도 사랑하게 되는 것이다. 그런 까닭에 무심이나 무욕은 소극적인 정신자세가 아니라, 적극적인 초월과 포월의 개념이다. 이 같은 성인의 도의 정신 속에서 선하지 못한 것이 선하게 되고, 미덥지 못한 것이 미덥게 되어 '작지만 큰 나라'로서의 이상적인 천국이 점차 실현되어 가는 것이다.

언제 우리가 모든 욕심을 내려놓고 무심의 경지에 이를 수 있을까? 불교적으로 말하면 무심은 무아無我를 깨달아야 하고, 그리스도교적으로 말하면 성령으로 거듭나야 한다. 그런데 무아를 깨닫거나 성령으로 거듭난다 해도, 여전히 육신의 소욕에 사로잡히는 한 무심의 경지에 이르기는 불가능하다. 깨달음과 실천 사이에는 일정한 간격이 있어, 앎과 실천이 종종 유리되기 때문이다. 이러한 앎과 실천에 간격이 없는 지행일치의 삶을 이룬 사람을 일러 우리는 성인이라 부른다. 예수나 석가나 노자 같은 경우일 것이다. 따라서 우리가 부단히 수행을 게을리 하지 말아야 할 이유가 여기에 있다. 나이가 들어갈수록 더욱 수행의 깊이와 넓이가 확충되어 선함과 미더움의 덕을 보여야 할 것이다. 선함과 미더움은 진, 선, 미의 완성이다. 진선미의 완성은 곧 온전한 사랑의 완성일지니, 그것이 곧 무조건적인 무한한 사랑으로서의 아가페 사랑일 것이다.

성인은 욕심이 없이 소박한 마음으로 검약을 실천함으로써 천하 백성들과 하나가 될 수 있다. 백성들은 각각의 주의에 따라 그 이목을 집중하지만, 성인은 그들을 어린아이처럼 순진무구한 상태로 대하여 무지무욕의 상태로 만든다. 예수가 말하기를, "누구든지 어린아이와 같이 되지 않으면 천국에 들어 갈 수 없다."고 했던 말과 상통한다. 이것은 이탁오李卓吾가 '어린아이의 마음童心'을 되찾아야 할 이상적인 인간의 마음으로 주장했던 동심설童心說과도 통한다. 무심으로서 얻어지는 천국의 세계, 그것이 곧 동심의 세계라는 것이다. 원수까지도 하나가 될 수 있는 자리, 그 아가페 사랑의 자리를 염원해 본다. 아가페의 정신은 곧, 애증愛憎을 넘어선 대자대비大慈大悲의 일치의 세계이기 때문이다.

제50장

생사를 넘어선 자유의 도

"나옴은 태어나는 것이요, 들어감은 죽는 것이다.
타고난 삶을 다 사는 무리가 열 중에 셋이고
단명하여 일찍 죽는 무리가 열 중에 셋이며
오래 살 수 있는 사람이 죽음의 자리로
들어가는 무리가 열 중에 셋이다.
왜 그런가?
지나치게 욕심내어 더 잘 살려고 하기 때문이다.

대체로 듣자하니 섭생을 잘 하는 사람은
육지를 다녀도 코뿔소나 호랑이를 만나지 않고
전쟁터에 들어가도 병기에 다치지 않으며
코뿔소는 그의 뿔로 받지 못하며
호랑이도 그의 발톱으로 할퀴지 못하고
칼, 병기로도 찌르지 못한다.
왜 그런가?
그런 사람에게는 죽음의 여지가 없기 때문이다."

出生入死. 生之徒十有三. 死之徒十有三. 人之生, 動之死地, 亦十有三.
夫何故? 以其生生之厚. 蓋聞善攝生者, 陸行不遇兕虎, 入軍不被甲兵,
兕無所投其角, 虎無所措其爪, 兵無所容其刃.
夫何? 以其無死地.

　노자에게서 생사는 출입의 문제에 불과하다. 이는 생사의 문제를 지극히 간단하게 해명해 줄 수 있는 참으로 통쾌한 설명이기도 하다. 문지방을 드나들듯이 자유롭게 왕래하는 사람처럼, 인간 생사의 문제도 우주라는 문을 그저 간단히 출입하는 것에 불과한 것인지도 모른다. 이를 한 걸음 더 치열하게 몰고 나간 것이 불교에서 말하는 '불생불멸'의 길이다. 어디에서 와서 어디로 가는가 하는 구체적인 장소가 중요한 것이 아니다. 땅에서 땅의 자양분을 먹고 태어난 인생이 흙으로 돌아가는 것은 자연의 이치일 뿐이지만, 천지가 배려해준 수명으로서의 생명을 제대로 살다가 죽는 일은 사람마다 차별이 있다.

　여기서 노자는 양생養生의 도리를 말하고 있다. 인생이 살면서 대개 10분의 3은 장수를 누리고, 10분의 3은 제 목숨을 다하지 못하고 단명하는데, 이러한 삶은 자연적인 수명에 따른 것이라고 볼 수 있다. 그런가 하면, 또 10분의 3은 본래 장수하며 살수 있었음에도 불구하고 탐욕으로 인해 신체를 망가뜨려 자신의 생명을 일찍 단축시키고 있고, 나머지 10분의 1만이 타고난 자기의 본성과 생명을 잘 보호하고 양성하고 있다는 것이다. 자기 생명을 잘 보호하고 육성하는 사람들은 능히 사사로움을 줄이고 욕심을 적게하는少私寡欲 생활을 실천하고 있다. 이들은 청정하고 소박한 삶에 길들어 있어서 능히 자연적인 삶을 살 수 있는 사람들이다. 요즘의 표현으로 말하자면, 생태적 지연주의의 삶을 산다는 것이다.

사람이 타고난 천수를 누리지 못하게 되는 것은 교통사고나 불의에 만난 환경적 재난과 같은 경우를 제외하고는 탐욕으로 인한 과욕이 신체를 손상하게 만들어 단명하게 되는 경우가 많다. 노자가 본문에서 지적하듯이 오래 살 수 있는 자가 죽음의 길로 빨리 달려가는 이유가 바로 "지나치게 욕심내어 더 잘살려고 하기生生之厚" 때문이다. 하지만 섭생을 잘 하는 사람은 전쟁터나 맹수를 만나는 경우에도 생명에 해를 입지 않는다고 말했다. 그 이유는 자연의 법에 따라 순응하며 살기 때문에 죽음의 자리에 들어가지 않는다는 것이다.

사실 섭생을 잘 한 사람이 전쟁터에서 죽음을 당하거나, 맹수를 만나 해를 입는다고 해도 그는 이미 죽음에 초연해 있기 때문에 죽음의 자리에 들어가는 것이 아닐 수 있다. 생사의 문제는 그저 우주의 문을 들어가고 나오는 출입에 불과 할 수 있기 때문이다. 예수는 오히려 삶의 자리에서 스스로 죽음의 길을 택하여 십자가에 달렸다. 그것 또한 생사에 걸림이 없는 자유함이 그에게 있었기 때문이다. 이른바 영생永生의 비밀을 나름대로 터득하고 있었기 때문이다. "나(진리)를 위해 죽고자 하는 자는 살고, 자기(사욕)를 위해 살고자 하는 자는 죽는다."는 예수의 이 말은 생사의 문턱을 넘어서는 영생의 비밀이다. 그래서 넓은 문이 사망에 이르게 한다면 좁은 문은 영생에 이르는 길이다. 진정한 의미에서 성령으로 거듭난 사람의 삶도 이와 같을 것이다. 그러한 사람은 생사의 문제에 초연하기 때문이다. 원효대사가 늘 주문처럼 외우며 살았던 것처럼, "생사의 도를 넘어서면, 일체 모든 것에 걸림이 없다—道出生死, 一切無碍人."

인간의 탄생은 우주적 사건이다. 우주를 모체로 하여 우주 속에서 출생하고 우주 속으로 귀환한다. 그것은 끊임없이 생생불식生生不息하는 자연의 흐름 속으로 들어가는 것일 뿐이다. 이 세상에 태어나서 흙 속에 묻히기까지, 나의 영혼과 육체는 과연 얼마나 자유로울 수 있을까? 하늘이 준 천수를 누리면서 무위자연의 도를 따라 소사과욕少私寡欲의 소박한 삶을 살 수 있다면, 적어도 생사의 문턱을 넘어서는데 좀 더 수월해 질 수 있으리라. 영생, 그것은 참으로 알 수 없는 일이지만 한편으로는 자연 속에서 자연과 더불어 자연히 죽고 살 때 그것이 영생이 아닐까? 그야말로 비움과 고요, 그 허정虛靜의 세월이 영생의 길이요, 천, 지, 인이 하나 되는 불멸의 길이 아닐까?

제 51장

왜 도인가?

"도는 만물을 생기게 하고, 덕은 기르며,
물체는 형상을 지니게 하고, 세勢는 만물을 이룬다.
이로써 만물은 도를 높이고 덕을 귀하게 여기지 않는 것이 없다.

도가 높고 덕이 귀한 것은 명령하지 않아도
언제나 스스로 그러하기 때문이다.
그러므로 도는 생기게 하고 덕은 길러서 육성시키며,
열매 맺히고 숙성시켜 보살피며 덮어준다.

낳아 주지만 소유하지 않고, 도움을 주지만 거기에 의지하지 않으며
길러 주지만 주재하려고 하지 않으니 이를 현묘한 덕이라고 한다."

道生之, 德畜之, 物形之, 勢成之. 是以萬物莫不尊道而貴德.
道之尊, 德之貴, 夫莫之命而常自然. 故道生之,
德畜之, 長之育之, 亭之毒之, 養之覆之.
生而不有, 爲而不恃, 長而不宰, 是謂玄德.

만물이 생성 변화하는 현상의 근저에 도의 원리가 작용하고 있다는 것은 이제 동양의 정신을 이해하는 사람이라면 누구나 수긍하는 일이다. 도道라는 개념 자체를 노자가 처음으로 사용했다는 사실을 굳이 말하지 않더라도 도의 개념은 노자뿐만 아니라, 한자 문화권에 있는 동아시아의 모든 사람들에게 공통적으로 녹아 있는 개념이다. 이러한 도가 만물을 낳게 한다는 노자의 주장에 대해 크게 반기를 드는 사람은 없다. 힌두교에서조차 도를 리타ṛta라는 만물의 원리로 해석하는데, 그것이 노자가 말하는 개념과 크게 다른 것도 아니다. 다만 그리스도교에서는 그러한 우주 생성 변화의 원리를 로고스라고 표현하지만 그 헬라 철학적 개념에 신격을 가미함으로써 하나님이라는 신성한 인격적 존재가 되는 것이다.

만물을 생성하는 원리인 도가 작용하는 속성으로서의 측면은 덕이라는 말로 표현된다. 그리하여 도가 만물을 낳으면, 덕은 기르고 육성하는 역할을 한다. 도와 덕은 이렇게 낳고 기르는 역할을 서로 하게 된다. 그래서 도와 덕은 만물로부터 존귀함을 얻게 된다. 마치 자식이 낳아주고 길러준 부모를 존귀하게 여기는 것과 같다. 물론 닭이 알을 낳듯이 도가 만물을 낳는다는 뜻은 아니다. 도의 생성 원리를 말하는 것뿐이다. 이렇게 도와 덕이 사물을 낳고 기르는 역할 속에 만물이 나타나서 각각의 형체를 이룬다物形之, 勢成之. 사물이 생겨나면 자연 속에서 길러지고, 길러지면서 형체를 이루는 것이 또한 자연스럽다. 그 모든 자연스러움의 과정이 도라는 것이다. 그래서 도가 낳고 덕이 기른다고 하는 것이다. 도를 바탕으로 하면서도 덕이 없으면 길러지지 않는다. 천지라는 원리는 있어도 햇볕과 물이 없으면 자라지 못하듯이, 햇볕과 물과 같은 덕이 없으면 생장이 어렵다는 것을 말한다. 그래서 도와 덕은 하나로서 공존한다. 음양이 공존하는 원리와 같다.

  세勢가 만물을 이룬다는 것은 내부적인 도의 원리에 따른 외부적 환경적 추세를 말한다. 타고난 본성에 입각하여 만물은 생성되고 변화하면서도 외부 환경적 요인의 추세에 따라 형태를 달리해 간다. 마치 창가에 식물을 두면 일제히 모든 식물이 태양 쪽으로 가지를 뻗는 것과 같다. 다윈이 말하는 적자생존이나 자연도태의 원리도 세의 영향 하에 있기 때문이다. 세 그 자체는 중성적 원리다. 이를 다르게 표현하면 세는 일종의 기氣와도 같은 것이다. 도道, 덕德, 물物, 세勢 이 네 가지 작용은 모두 도를 근본으로 하여 출발하는 것이고, 덕은 이를 뒷받침하여 만물이 성장 변화해가는 추동력이 되고 있음을 확인하게 된다. 그런데 이러한 도와 덕의 원리도 따지고 보면 모두가 누구의 명령에 의해서가 아니라, 스스로 그러한 자연의 법을 따라 그렇게 된다는 점이다. 여기서 우리는 또 한번 노자의 자연주의 사상을 보게 된다.

  이러한 자연스러움의 도와 덕의 정신은 만물을 보살피고 성장하여 열매를 맺도록 도와주지만 그 공로에 대해서는 아무런 권리 주장도 하지 않는다. 그것이 바로 낳아주지만 소유하지 않는, '생이불유生而不有'의 정신이요, 도움을 주지만 거기에 의존하지 않는 '위이불시爲而不恃'의 정신이다. 이것은 불교 육바라밀의 보시布施의 정신이요, 힌두교 카르마 요가의 '멸사봉공滅私奉公'의 정신이며, 예수가 말하는 황금률의 법칙이기도 하다. 하지만 예수의 황금률은 '너희가 남에게 대접을 받고자 하는 대로 남에게 먼저 대접하라'는 것이지만, 노자는 대접받을 기대 자체를 하지 말라는 것이다. 노자의 도덕적 윤리 정신이 이 대목에서 빛나고 있다. 이러한 '생이불유'나 '위이불시'의 정신은 또한 길러주지 만 주재하려 하지 않는 '장이부재長而不宰'의 현묘한 덕玄德을 바탕으로 한다. 이상의 '불유不有', '불시不恃', '부재不宰'는 모두 도道에는 독점적 욕망이 없음을 보여주는 것이다. 이른바 '무욕의 도'를 잘 말하고 있다. 반면에 인간은 '소유有', '기댐恃', '통치宰'에 너무도 미혹되어 있다.

이상에서 우리는 도의 자연스런 창조성과 무독점성을 보게 되었다. 그런 반면에 도에 인격성을 부여해 본다면, 도의 절대적 선善과 '생이불유'와 같은 사랑의 기능은 그리스도교의 아가페 사랑과도 비교가 가능하다. '절대 사랑' 아가페와 '절대 무소유'의 도는 절대적 선이라는 측면에서 대비가 가능하기 때문이다. 더 나아가서 도가 만물을 생성시키고 자라게 한다는 것도, 그리스도교에서 하나님이 만물을 탄생시키고 자라게 한다는 논리와 통한다. 다만 도에 인격성을 부여할 것인가 아닌가 하는 차이만 있을 뿐이다. 비록 도에 인격성을 부여하지 않는다 하더라도 도의 자연스러운 위대함에 대해 겸허하고 경건한 마음으로 숭경하는 찬미를 아낄 필요가 없을 것이다. 인간에게 부여한 경외심도 결국 도가 '낳은' 것이기 때문이다.

제 52장

천하의 어머니인
도를 간직하고 수양하라

"천하 만물은 그 시원이 있으니 이것이 천하의 어미가 된다.
이미 그 어미를 깨달으면 이로써 자식을 알게 되고
이미 그 자식을 알면 다시 그 어미를 지키니 종신토록 위태롭지 않다.
그 입을 막고, 그 문을 닫으면 종신토록 수고롭지 않으나
그 입을 열고, 일을 풀어가자면 종신토록 구원받지 못할 것이다.
아주 작은 것을 볼 줄 아는 것을 밝다고 하고
부드러움을 지킬 줄 아는 것을 강하다고 한다.
그 지혜의 빛을 사용하여 다시 그 밝음으로 돌아가면
자기 몸에 재앙을 남기지 않게 되니
이것이 영원함을 익히는 것이다."

天下有始, 以爲天下母.
旣得其母, 以知其子, 旣知其子, 復守其母, 沒身不殆.
塞其兌, 閉其門, 終身不勤. 開其兌, 濟其事, 終身不救.
見小曰明, 守柔曰强.
用其光, 復歸其明, 無遺身殃, 是爲襲常.

천하의 모든 사물들은 그 시작이 있다. 이 시작을 일러 천하 만물의 뿌리라고 말할 수 있다. 모든 존재의 시작을 가능케 하는 존재의 뿌리가 있다는 것이다. 이 존재의 뿌리를 노자는 '어머니母'라고 말한다. 『도덕경』 1장에서 "무가 만물의 시작이요無名天地之始, 유가 만물의 어머니有名萬物之母"라 할 때의 모母다. 여기서 말하는 시작으로서의 '시始'는 만물의 어머니인 '모母'가 된다. 이때 어머니는 본원本原을 뜻하고, 자식은 만물을 뜻한다. 그런 점에서 무無는 동시에 유有가 된다. 이처럼 모든 만물의 뿌리, 즉 근원을 알면 개개 사물의 존재 현상을 이해할 수 있게 된다. 이른바 본체에 대한 이해를 통해 현상을 파악할 수 있다는 것이다. 그렇다고 해서 본체로서의 뿌리는 눈에 볼 수 있는 실체는 아니고, 단지 만물이 존재하도록 기능하게 하는 근거 혹은 원리로서의 작용을 말한다. 각기 사물의 현상을 뿌리의 입장에서 파악한다면, 현상에 대한 이해가 더욱 분명해진다.

노자는 뿌리를 어머니라 하고 사물을 자식에 비유한다. 이제 각각의 사물로서의 자식을 이해하게 되면 다시 그 근원인 어미를 이해 할 수 있게 된다. 이는 마치 그리스도교의 중세 신학자 토마스 아퀴나스가 신 존재 증명을 말할 때 이용하는 우주론적 논증이나 존재론적 신 증명같은 방식에 비유될 수 있다. 비교 방식이 꼭 들어맞는 것은 아니지만, 현상을 통해 본체를 귀납적으로 파악한다는 논리에서는 맥락을 같이한다. 노자는 그리하여 만물의 뿌리로서의 "어미를 잘 지키고 간직復守其母"하면, 일생동안 위험한 재앙을 만나지 않는다는 것이다. 마치 그리스도교에서 여호와 하나님을 굳게 믿고 순종하면 시편 기자가 노래하듯이 "사망의 음침한 골짜기를 다닐지라도, 해를 입지 않는다."는 고백과도 같다.

　이와 같이 "돌이켜 그 어머니를 지키니復守其母 종신토록 위험이 없다"는 것은 근본인 하나님을 앎으로써 어떤 위기도 극복할 수 있다. 여기서 어머니는 성서의 하나님과 같은 위치다. 그 어머니를 지킨다고 할 때의 '수守'는 '주시하다', '관찰하다', '파악하다', '깨닫는다' 는 등의 의미가 있다. '수'의 원래의 뜻은 은밀히 감추어진 것을 주시 관찰하는 것이다. 우주 만물의 시작이자 근본인 도의 원리를 은밀히 주시 관찰하여 깨닫는 데까지 이르는 것을 뜻한다. 예컨대 만물의 시작 역할을 하는 어머니를 깨달아 아는 일이야 말로, 처음을 아는 것이고 그 마침으로 돌아감을 또한 아는 것이 된다. 곧, 노자가 모든 것이 "그 뿌리로 돌아간다復歸其根."고 하는 말과 같은 이치다.

　노자는 이처럼 도의 작용의 근본을 알면, 인생을 살아가는데 재앙을 당하지 않고 평안하게 살 수 있음을 말한다. 그러나 만일 그렇지 못하면 재앙을 당하게 된다. 그리하여 노자는 재앙을 당하지 않고 사는 방법을 말하고 있다. 그것이 바로 인간의 감각 기관의 통제다. 본문에서 언급하는 "색기태塞其兌, 폐기문閉其門"이 바로 그 좋은 예다. '색塞'은 막는다는 뜻이고, '태兌'는 '구멍'을 뜻하기도 하지만 백서帛書 〈노자〉본이나 〈주역周易설괘〉에 따르면 입口을 말하는 것으로서, "입을 봉하고 말을 하지 않는 것"을 뜻한다. 문제는 입이다. 인간의 감각적 표현을 대표하는 입과, 감각이 출입하는 신체의 모든 기관으로서의 문門을 조심하라는 것이다. 인간의 성패가 대부분 입과 감각기관의 문을 통해 좌우되기 마련이다. 다른 사람에게 자극적인 말을 함부로 하는 행위 등은 불교에서 말하는 신身, 구口, 의意, 삼독三毒에 해당한다. 삼독의 행위로 인간은 고뇌의 바다에서 벗어나지 못한다. 마찬가지로 인간은 이 몸身과 입口의 파멸적인 행위로 스스로 재앙을 초래하는 것이다.

한편 노자는 작고 미세한 것을 잘 관찰하는 자를 일러 '밝다'고 했다見小曰明. 은미한 내용도 잘 감지하고 감득할 수 있는 능력을 가진 자를 현명하다고 한 것이다. 반면에 부드러움을 잘 지키는 자守柔는 강強한 자라고 했다. 이것은 노자가 줄곧 견지하는 "부드럽고 약한 것이 강하고 단단한 것을 이긴다柔弱勝剛强."는 논리와 같다. 바로 이러한 도의 법칙을 따라 도의 지혜의 빛으로 사는 사람用其光은 세상의 어리석음에 미혹되지 않고, 일생동안 재앙을 만나지 않으며, 자연의 법칙에 순응하는 영원한 도에 따라 사는 것이다. 이러한 노자의 입장은 군자의 이상적 정치를 논했던 정치적 리더십에도 적용해 볼 수 있다.

지도자가 처음에 자신의 임무를 수행할 때는 순수한 마음으로 출발하여 객관적 규율에 따라하기도 한다. 하지만 시간이 경과하면서 일정 정도의 성과를 올리기 시작하면 그 공로에 기대어 교만해지기 쉽다. 유혹에 따라 자아를 통제할 능력이 없어지는 것이다. 그러므로 지도자는 항상 정신을 차려서 자기 존재의 근본을 통찰하고 신, 구, 의로 상징되는 탐욕적 감각기관을 철저히 통제해서, '처음의 뜻'으로 돌아가야 한다. 이것이 '그 어미를 지키는 것'이며, 영원 곧, 영생을 간직하는 것이다.

제53장

대도大道와 하나님의 정치학

"만일 내가 조그마한 지혜라도 가지고 대도大道를 행한다면,
오직 사악한 길로 드는 것이 두려우리라.
대도는 매우 평탄한 것인데 사람들은 지름길을 좋아한다.

조정은 부패하여 번드르르 하지만
백성의 논밭은 황폐하고 창고는 텅텅 비었다.
통치자들은 수놓은 비단 옷을 입으며, 날카로운 칼을 차고
맛있는 음식을 물리도록 먹고도 재화가 남아도니
바로 도둑의 우두머리라 하겠다.
도가 아니로다!"

使我介然有知, 行於大道, 唯施是畏. 大道甚夷, 而民好徑.
朝甚除, 田甚蕪, 倉甚虛, 服文綵, 帶利劍, 厭飮食, 財貨有餘, 是謂盜夸.
非道也哉.

본문은 노자 당시의 정치적 타락과 부패상을 보여주는 단면이

다. 그러한 정치적 부패의 결과로 백성은 굶주리고 있다. 조정은 부유하여 맛있는 음식이 남아돌고 비단 옷으로 치장하면서 번듯하게 꾸미고 살지만, 도리어 백성들의 논밭은 황폐하여 창고가 텅텅 빈 상태이다. 거기에다 허리에 칼을 찬 위정자들의 무력적 통치는 더욱 볼썽사납다. 이는 무력 통치와 백성들의 착취를 형상하는 모습이며 백성들의 먹을 것을 수탈하여 통치자들의 배를 불리는 정치적 비극의 현장을 잘 보여주고 있다. 정치가들의 과도한 사치생활과 곡간에 먹을 것이 없어 굶주리는 백성들의 대조적인 모습이 눈에 선하다. 이를 두고 노자는 당시의 집정자들을 향해 서슴없이 강도의 우두머리인 도적의 괴수라 비판한다.

그리하여 노자는 자신에게 조그마한 지혜라도 허락된다면, 바르고 큰 길인 대도大道를 걷고, 사악한 비탈길을 가지 않겠다는 것이다. 실로 대도는 평탄할 뿐인데, 왜 사람들은 좁고 비뚤어진 비탈길을 가려고 하는지 모르겠다는 것이다. 예수가 말하는 '좁은 문'과는 성격이 좀 다른데 노자의 대도, 곧 큰 길은 정당하고 바른 길로서 평탄하고 순조로운 길이다. 바르고 큰 길이라는 점에서는 오히려 예수의 '좁은 문'과도 통한다. 사실 예수에게서 '좁은 문'은 실상 대도大道인 하나님의 길이기 때문이다. 예수의 말은 역설이다. 노자가 말하는 바, 사람들이 좁은 사잇길을 좋아한다好徑는 것은 바른 길 보다는 처세에 필요한 수단으로서의 지름길을 뜻하기 때문이다. 예컨대 뇌물 등으로 주고받는 지름길과도 같은 것이다.

무력적 착취를 일삼는 도적 같은 정치가는 노자 시대에나 예수 시대에나 어디에도 마찬가지였고, 심지어 오늘날도 그 방법만을 달리할 뿐 다양한 형태의 착취는 계속된다. 동서양의 강대국은 모두 전략핵무기로 나라의 전력을 유지하려고 든다. 한반도를 둘러싼 중, 일, 러시아와 태평양의 긴장 상황도 예외는 아니다. 어선을 띄워야 할 평온한 바다에는 군함들로 북적거리고, 공중에는 전투기가 난무한다. 노자는 대도大道가 아주 평탄한 길이라 했다大道甚夷. 평탄한 길은 온화하고 평화롭다. 새들이 평화롭게 날아야 할 자리에 전투기가 날아가는 상황은 이미 대도가 무너졌다는 증거다. 국가 간의 대도가 무너지고 있으니, 평화의 길은 멀기만 하다. 평화와 공존의 길을 버리고 자신과 자기 집단의 이익만을 위해 평화를 깨뜨리는, 사악한 길로 접어드는 어리석음을 버리고 정의와 공평이 살아있는 사랑과 평화의 대로를 걸어야 할 것이다.

우리는 늘 선택의 기로에 서 있다. 태초의 낙원 에덴에서도 마찬가지였다. 평화의 대로를 선택할 것인가? 사욕과 분쟁의 비뚤어진 길을 택할 것인가? 노자가 지혜를 얻어 대도의 평탄한 길을 걸었던 것처럼, 세례요한이 거친 황야를 진리와 정의로 평탄하게 했던 것처럼 평화의 길을 택할 것인가? 아니면, 분당과 분파를 일삼으며 겉은 화려하지만 속은 텅 빈 탐관오리처럼 사욕에 가득 찬 정치꾼으로서 도적의 괴수가 될 것인가? 오직 하늘은 알고 있다. 그것이 도가 아님을非道也哉!

하나님의 도의 통치 방법은 예수의 공동체 정신에 잘 드러나고 있다. 한마디로 유무상통의 정신에 있었다. 내 것과 네 것의 구분 없이 있는 자와 없는 자가 서로 나누며 통용하던 공동체였다. 아침에 일찍 노동현장에 나가서 일을 한 자나, 저녁 어스름에 나가서 일을 한 자나 삯을 동일하게 지급하였다. 게을러서 늦게 나

온 것이 아니라, 사정에 따라 그러한 것을 두고 따지지 않았다. 또한 하나님의 정치학은 예수의 산상수훈 정신에 잘 드러난다. 친구가 오리를 가자고 하면 십리를 같이 가고, 속옷을 달라하면 겉옷까지 주라는 것이다. 착취가 아니라 거저 줌이다. 부정한 축재를 즐기는 탐관오리의 생활방식과 반대다. 그리고 하나님의 정치학은 무한한 관용을 토대로 한다. 일흔 번의 일곱 번이라도 용서하는 정신이다. 그것이 공동체의 정신이요, 사랑과 평화의 정신이다. 유행가 가사처럼, "쩨쩨하게 굴지 말고" 가슴을 열고 넓고 큰 대로를 걷자.

제 54장

잘 세우고 잘 껴안는 사랑의 통치

"잘 세워진 것은 뽑히지 않고, 잘 껴안은 것은 벗어나지 않으니
이로써 자자손손 제사가 끊이지 않는다.

그것道으로 자기 몸을 닦으면 그 덕은 참되고
그것으로 집안을 다스리면 그 덕이 넉넉해지며
그것으로 마을을 다스리면 그 덕이 오래가고
그것으로 나라를 다스리면 그 덕이 풍요로워지며
그것으로 천하를 다스리면 그 덕은 널리널리 퍼진다.

그러므로 자신의 몸으로써 몸을 관찰하고
집으로써 집을 관찰하며
마을로써 마을을 관찰하고
나라로써 나라를 관찰하며
천하로써 천하를 관찰한다.

내가 어떻게 천하의 그러함을 알겠는가?
이것 때문이다."

善建者不拔, 善抱者不脫, 子孫以祭祀不輟.
修之於身, 其德乃眞, 修之於家, 其德乃餘.
修之於鄕, 其德乃長, 修之於國, 其德乃豊.
修之於天下, 其德乃普. 故以身觀身, 以家觀家,
以鄕觀鄕, 以國觀國, 以天下觀天下.
吾何以知天下然哉, 以此.

인간은 하나의 건축물과 같다. 잘 세운 집이 튼튼하듯이 잘 수련된 인간도 웬만한 흔들림에는 넘어지지 않는다. 더욱이 도道로써 기초가 다져진 사람은 말할 것도 없다. 하지만 인간의 삶이 만만하지 않기 때문에 평상심을 잃고 일탈을 하는 경우가 많다. 그래서 노자는 끊임없이 도로써 자기 자신의 몸을 다스리고, 집안을 다스리며, 마을과 나라 그리고 천하를 다스려야 한다고 말한다. 그렇게 될 때, 자신의 몸과 마음도 튼튼해질 것이며, 가족도 넉넉해지고 마을과 국가 그리고 천하도 풍성해진다. 이른바 하상공河上公이 말하듯이, 입신立身에서 입국立國까지 도道로써 세우면建, 그 어떤 위기에도 뽑히지 않고不拔 흔들림이 없다는 것이다. 그야말로 뿌리 깊은 나무가 오래가는 이치와 같은 것이다.

도로써 자신을 수양하고 나라를 세우며建, 천하를 다스리는 일은 동시에 잘 '껴안는抱' 일과도 관계가 있다. 잘 세우는 사람善建者 또한 잘 껴안는 사람善抱者이라는 뜻이다. 껴안는다고 하는 것은 글자 그대로 안는 것抱을 말하지만 노자에게서는 독특한 의미가 있다. 예컨대 그의 '포일抱一' 사상과 관련된다. 『도덕경』 10장에서 "하나를 잘 안으면 능히 떨어져 나감이 없다."고 했다. 그 하나는 도道가 만들어 낸 것이기도 하지만道生一, 도의 존재방식이기도 하다. 우주 만물을 포섭하는 하나의 도, 그것을 잘 껴안으면 거기서 벗어나는 일탈이 없다. 가족을 비롯하여 그 어떠한 공동체의 존재 방식도 그와 같다. 하지만 인간의 존재 방식은 원래 모순 덩어리다. 그 모순 속에서 도道인 하나를 잘 간직해야 비로소 일탈이 없다. 도의 포용성이다. 그래서 도는 관용이기도 하다. 예수가 말하는 "일흔 번의 일곱 번이라도 용서하는" 관용성이라 해도 좋다. 이것은 아가페 정신만이 가능하다. 그러기에 도는 무한한 사랑을 말하는 아가페에 비유 될 수 있다.

누가 과연 잘 세우고善建, 누가 과연 잘 껴안을善抱 수 있을까? 자기 스스로 먼저 도로써 몸을 닦으면 다른 사람에게 영향을 미치게 된다. 왕필은 이를 두고 '이신급인以身及人'이라 했다. 자신이 수양한 만큼 다른 사람에게 영향을 미치게 되니, 그것은 점차 운동력이 있어서 자신에서 집으로, 집에서 마을로, 또 마을에서 나라와 세계로 확산된다. 그것이 도의 운동력일 것이다. 도 그 자체의 운동력 보다는 도를 몸으로 닦는 수행자의 운동력이다. 그런데 도를 수행한다는 것은 참으로 어려운 일이다. 수행에도 가지가지이니 말이다. 그래서 수행을 다른 적절한 말로 하자면, 그것도 무위無爲의 수행인데, 예컨대 수행을 내세우지 않는 수행이다. 그래서 원나라의 오징吳澄, 1249-1333은 도나 덕을 세우고建, 껴안는 것抱에 대하여서도 무위의 방법으로 다음과 같이 설명하였다. "잘 세우는 자는 세우지 않는 것으로 세우니 영원히 뽑히지 않고, 잘 껴안는 자는 껴안지 않는 것으로 껴안으니 영원히 달아나지 않는다." 수행에도 억지가 있어서는 안 된다는 것이다.

잘 세우고 잘 껴안는 자, 그는 자신의 영혼과 육체뿐만 아니라

가족과 마을, 나라와 세계에 영향을 미치되, 마치 후손들이 끊임없이 제사를 지내듯이 대대손손 그 도의 영향력이 지속된다. 수신, 제가, 치국, 평천하의 유가적 덕목을 여기서도 여실히 보게 되니 노자식의 정치적 영향력이라고 보아도 무방할 것이다. 다만, 그것이 인위적으로서가 아니라 무위에 입각한 도의 철학을 말하는 것뿐이다.

노자의 통치철학은 몸으로써 몸을 관찰하여 다스리고, 집안으로써 집안을 다스리며, 마을로써 마을을 다스리고 나라로써 나라를 다스리며, 천하로써 천하를 다스리는 철학이다. 이는 무엇을 말하는 것인가? 이는 자신의 몸을 관찰하여 다른 사람의 몸도 미루어 알 수 있음을 뜻한다. 마찬가지로 집안이나, 마을, 나라, 천하도 같은 방식으로 미루어 알 수 있다는 이치다. 화목한 가정은 그렇지 못한 가정을 미루어 판단할 수 있으며, 민주정치 제도가 잘 발달한 나라는 그렇지 못한 나라를 미루어 판단할 수 있는 것이다. 공자가 말한 '이인치인以人治人'의 원리와도 같다. 군자의 통치는 사람으로 말미암아 사람을 다스리는 것이기 때문이다. 이것은 또한 "천하로써 천하를 본다以天下觀天下"와도 통하는 것이며, 다시 『도덕경』 47장에서 말하는 바, "문 밖을 나가지 않아도 천하를 안다不出戶, 知天下"라는 말과 같은 맥락이다. 이는 바로 오징이 말하듯이, "천하의 온갖 사물과 사건의 이치는 모두 나에게 갖추어져 있어서 지게문을 나서지 않아도 알 수 있다"는 말과 같다.

잘 세우고善建, 잘 껴안는다는 것善抱을 예수에게 적용해 보면 어떤 것일까? 예수는 '하나님의 나라'를 세우려 했고, 또 죄인을 껴안았다. 하나님의 나라는 하나님의 뜻이 통치되는 나라다.

하나님의 뜻은 예수에게서 새로운 계명으로 선포되었다. 그것은 곧 하나님을 사랑하고 이웃을 네 몸같이 사랑하라는 것이다. 이른바 경천애인敬天愛人이다. 이것이 율법이요, 선지자라고 했다. 이러한 하나님의 뜻을 잘 실천하는 자는 누구나 다 형제요 자매요 어머니라고 했다. 하나님 안에서 이루어지는 사해동포로서의 한 가족인 셈이다. 천하가 다 하나님의 뜻 안에서 세워지고建國, 사랑의 한 가족으로 껴안게 되는 것抱一이다. 노자가 도로써 자신의 몸을 닦고 집안을 세우듯이, 예수는 하나님의 뜻으로 자신을 단련하고 '반석' 위에 집을 짓는 것이다. 예수에게서 자신을 단련하는 일은 무엇보다 하나님의 말씀을 깨닫고 실천하는 일인데, 그것은 '사랑으로 율법을 완성하는 일'이다. 거듭 강조하지만, 하나님의 뜻은 하늘을 공경하고 이웃과 세계를 사랑하며 포용하는 정신이다. 이른바 '사랑의 통치'다.

제 55장

두터운 덕을 지닌 자,
그 부드러움의 미학

"두터운 덕을 지닌 자는 갓난아이에 비유될 수 있다.
벌이나 독충이나 독사도 물지 않고
맹수나 사나운 새도 그를 덮치지 않는다.
뼈는 약하고 힘줄은 부드러운데도 쥐는 것은 견고하며
암컷과 수컷의 교접은 알지 못하지만 온전히 성기가 발동하는 것은
정기가 지극하기 때문이다.

하루 종일 울어도 목이 쉬지 않는 것은
조화로움이 지극하기 때문이다.
조화로움을 아는 것은 불변의 도리를 아는 것이며
불변의 도리를 아는 것을 명철함이라 한다.
목숨을 더하려고 하는 것을 요상하다하고
마음으로 기를 쓰는 것을 강하다고 한다.
만물이 억세고 장대해지면 노쇠하여 도에 부합하지 않으니
도에 부합하지 않는 것은 일찍 단명 한다."

含德之厚, 比於赤子, 蜂蠆虺蛇弗螫, 猛獸不據, 攫鳥不搏.
骨弱筋柔而握固, 未知牝牡之合而朘怒, 精之至也.
終日號而不嗄, 和之至也, 知和日常, 知常日明.
益生日祥, 心使氣日强, 物壯則老, 謂之不道, 不道早已.

노자사상의 기본 덕목이 다시 잘 드러나고 있는 대목이다. 노자가 자주 비유하고 있듯이, 도와 덕은 갓난아이와 같이 부드럽고 유약하면서도 조화로움을 잃지 않는 데 있다. 약한 듯 하면서도 강한 도의 특징을 말해주고 있는 것이다. 유연한 도의 덕성을 지닌 자는 후덕厚德한 삶을 산다. 후덕해지는 데는 인위人爲가 없다. 억지로 강해지려고 하는 것과 같이 대자연을 거스르는 인위적인 조작을 경계하고 있는 것이다. 참으로 덕을 도탑게 품고 있는 사람은 갓난아이 같아서 가식이 있을 수 없다.

이 같이 천진난만한 세계를 노자는 유토피아와 같은 이상적인 세계와 비유하고 있다. 예컨대 갓난아이 같은 덕성을 품은 자에게는 독충이나 뱀이 해하지 않는다는 것이다. 구약성서의 「이사야」에서도 이런 유토피아적 이상향을 그리면서, "어린아이가 독사 굴에 손을 넣어도 물지 않고, 어린양이 이리와 함께 놀아도 물지 않는다."고 했다. "너희가 어린아이와 같지 않으면 결단코 천국에 들어가지 못할 것이라."고 했던 예수의 말도 생각난다. 또한 맹자가 "대인은 갓난아이의 마음을 잃지 않는다大人者, 不失其赤子之心."고 했던 것도 같은 이치다.

노자도 그렇지만 공자도 일평생 덕을 소중히 했다. 그래서 "하늘이 내게 덕을 낳았다天生德於予"고 했던 것이다. 그리스도교에서도 인간은 나면서부터 하나님의 형상을 지니고 태어난다. 그 형상이 도다. 그 도의 나타남이 덕인 것이다. 덕은 도의 실현이다. 덕이 두터운 만큼 도의 뿌리가 깊은 법이다. 그 깊은 도의 나타남은 굳세고 강한 것이 아니라, 예상외로 갓난아이와 같다는 것이다. 뼈도 약하고 힘줄도 부드럽지만 어머니의 젖을 쥐거나 물건을 쥐는 힘은 강하다. 또한 남녀 간의 교합을 알지도 못하는 나이지만 성기가 꼿꼿이 발기가 되는 것은 정기가 지극하기 때문이라는 것도 태어나면서부터 타고난 천상의 기운을 지니고 있다는 것이다. 이 천상의 기운이야말로 아무런 억지나 인위가 없는 자연스러운 기운이다. 어린아이가 지니는 꼿꼿한 정기와 같은 타고난 덕성을 잃지 말고 잘 간직해야 함을 노자는 말하고 있다.

갓난아이의 비유 외에도 노자는 또 본문에서 '울음號'을 비유로 들고 있다. 여기서 울음을 뜻하는 '호號'는 '대성통곡'의 의미가 있다. 이 또한 갓난아이 시절을 지나고 2~3세 정도 되는 아이가 온종일 울어대도 그 아이의 목소리가 쉬지 않는 것 또한 자연스러운 조화의 결과라고 볼 수 있다. 인간이 성장해 가면서 점점 세계와 우주에 대해 자연스러움을 잃어버리고, 일상생활에서도 조화와 균형을 잃은 나머지 공포심이나 두려움으로 울고불고 하면서 목이 쉬게 되는 경우와 다르다.

조화로움은 자연스러움의 극치다. 조화로움을 아는 것이야말로, 우주 세계의 영원한 질서를 아는 것과 통한다. 이는 곧 자연 세계의 본래면목을 아는 것을 말한다. 자연 세계의 조화로움을 아는 자는 인간과 제반 사회의 관계 속에서도 조화와 평화를 이루려고 노력한다. 인류의 평화야말로 인류가 염원하는 영원한 이상이다. 그러므로 조화와 평화를 아는 사람은 영원을 아는 것이요, 이 영원함을 알고 추구하는 사람은 현명한 사람이 되는 것이다. 예수나 석가, 공자나 노자 할 것 없이 모두 이 '영원함'에 대해 누구보다 절실한 이해를 하고 있었던 사람들이다. 물론 각자가 이해하는 '영원성'은 다를 수 있을지 모르지만, 적어도 우주와 자연 속에서의 '불변의 진리'를 추구하고 살았던 점에서는 일치하는 것이다.

자신의 사사로운 목적을 위해 목숨을 부지하고 연명하려는 다양한 수법 또한 경계의 대상이 된다. 본문에서 '목숨을 더한다益生'고 할 때의 '익益'은 원래, '그릇에 식품'을 담는다는 뜻이었다. 그것이 인간에게 유익을 주는 여러 가지 좋은 뜻도 있지만, 노자가 여기서 말하고자 하는 것은 사사로운 욕심으로 자연적인 도와 덕에 어긋나게 자기 유익을 취하고자 하는 욕심으로서의 생명을 부지하고자 하는 것을 말한다. 그러나 본문을 있는 그대로 "다른 생명에게 유익함을 주는 것益生이 길한 것이다曰祥"라고 할 수도 있으나, 뒤에 이어지는 문맥에 비해볼 때 자연스럽지 못하다. 그리하여 일체의 모든 인위적 수단은 자연의 도에 어긋나기 때문에 수명이 짧아 일찍 단명하게 된다는 노자의 정신으로 해석함이 옳을 것이다.

일체의 사사로움에서 벗어나 지극히 조화로운 세계를 이루어 가는 사람, 과연 그러한 사람이 지구상에 얼마나 있을지 모르지만, 그러한 사람을 일러 우리는 성인聖人이라 한다. 그 성인의 길을 따르고자 하는 사람을 일러 우리는 또한 수행자라고 한다. 수행자의 길은 단연코, 노자가 말하는 바와 같이 갓난아이와 같은 지극한 부드러움을 유지해야 할 것이고, 그러한 온유한 도는 지극한 평화를 이루는 큰 조화, 곧 '태화太和'를 이루게 될 것이다.

이러한 지극한 평화는 지극한 부드러움至柔에서 시작됨을 잊지
말자. 억세고 강한 것, 곧 "도가 아닌 것이 이내 단명 한다不道早
己"는 것이 이를 두고 한 말이기 때문이다.

제 56장

'현동玄同'과 예수의 성육신

"아는 자는 말하지 않고, 말하는 사람은 알지 못한다.
그 구멍을 막고, 그 문을 닫으며
그 날카로움을 꺾고, 그 엉킨 것을 풀며
그 빛을 누그러뜨리고, 세속의 먼지와도 함께한다.
이것을 가리켜 현묘하게 하나 되는 것이라 한다.

그러므로 가까이 할 수도 없고, 멀리 할 수도 없으며
이롭게 할 수도 없고, 해롭게 할 수도 없으며
귀하게 할 수도 없고, 천하게 할 수도 없으니
그리하여 천하의 귀한 것이 된다."

知者不言, 言者不知, 塞其兌, 閉其門,
挫其銳, 解其分, 和其光, 同其塵, 是謂玄同.
故不可得而親, 不可得而疏, 不可得而利, 不可得而害,
不可得而貴, 不可得而賤, 故爲天下貴.

'지자불언知者不言' 우리가 깊이 생각해봐야 할 말이다. '아는 자는 침묵한다.' 그렇다면 모든 일에 아는 자는 침묵해야 하는가? 그렇지는 않을 것이다. '아는 자는 말하지 않는다.'라고 말하면서 노자 자신도 5천자의 『도덕경』을 말하고 있는 까닭은 무엇일까? 불필요한 말을 삼간다는 뜻일 것이다. 그래서 그는 23장의 다른 본문에서 '희언자연希言自然'이라고 했다. 이는 말이 적은 것이 자연스럽다는 뜻이다. 말이 많으면 실수하게 되고 다툼을 일으키거나 궁지에 몰리게도 된다多言數窮. 그런데 도대체 '안다知'는 것은 무엇인가? 안다면 또 무엇을 안다는 것인가 하는 의문이 계속된다. 모든 주관적인 지식은 상대적일 수밖에 없다. 물론 과학적으로 증명되는 실증적 지식을 우리가 거부할 수는 없다. 사실적 진리에 대한 이성과 과학의 증명 가능성은 얼마든지 있다. 그럼에도 불구하고 요즈음 인지학認知學에서 말하고 있듯이, 안다는 것의 범위는 사람마다 시대마다 환경에 따라서 약간씩 다를 수밖에 없다. 예컨대 푸른색이라고 할 때, 어디까지가 푸른색이냐고 하는 것이다.

우리가 어디까지를 알고 어디까지를 모른다고 하는 것은 항상 논란의 대상이 될 수가 있다. 우리가 "나의 어머니를 안다"고 할 때 어머니의 외적 형상을 안다는 것인지, 어머니의 마음을 안다는 것인지도 분명하지 않다. "나의 어머니의 얼굴을 안다"고 할 때는 안다는 것의 의미가 선명해진다. 그러나 그것도 어머니의 대체적인 얼굴의 윤곽을 알 뿐이지, 얼굴 표면에 나타난 주름살이 몇 개인지는 알 수 없는 법이다. 이처럼 무엇을 안다고 하더라도 그 인식 대상에 대한 객관적이고 명확한 이해가 전제 되지 않으면 함부로 안다고 말하기 어려운 것이다. 더구나 눈에 보이는 감각적인 인식 이외에 눈에 보이지 않는 마음이나 추상적인 사건들이야 더욱 말할 필요가 없을 것이다. 흔히 다툼이 일어나는 대개의 경우는 말이 잘 못 전달되거나 소통이 원활하지 못한 데서 온다. 오죽하면 예수도 "들을 귀가 있는 자는 들어라"고 했을까? 진정한 소통이 없으면 "개에게 진주를 던지는" 결과일 뿐이다.

현재까지 발굴된 〈노자〉의 필사본 가운데 가장 오래된 원문인 호북성湖北省 곽점郭店에서 출토된 전국시기戰國時期의 죽간본竹簡本에서는, '아는 자는 말을 하지 않는다知者不言'라는 오늘날 통용되는 '통행본'의 이 문구 대신에 "지혜로운 자는 말을 하지 않는다智之者弗言"라고 쓰고 있다. 이는 '안다知'는 말을 '지혜롭다智'는 말로 해석할 수 있다는 것을 보여주는 사례다. 고대에는 이 두 글자가 서로 통용되었기 때문이다. 이렇게 안다는 것을 지혜롭다는 것으로 바꾸어 생각해 보면, 역시 본문의 의미는 더욱 분명해진다. 지혜로운 자는 함부로 안다고 떠들어 대지 않는다는 것이다. 그기에 '말하는 사람은 알지 못한다言者不知'라고 이어서 말하고 있는 것이다. 이는 노자가 『도덕경』 2장에서 성인은 "말없이 행동으로 가르친다行不言之敎"고 했던 것과도 통한다.

한편 공자는 노자와 정치철학적 입장을 조금은 달리하지만, 말에 관한한 가려서 해야한다는 입장은 유사하다. 공자는 이렇게 말한다. "말을 할만한데 말을 하지 아니하면 사람을 잃고, 더불어 말하지 아니할 것을 더불어 말하면 말을 잃을 것이다. 지혜로운 자는 사람을 잃지 아니하며, 또한 말을 잃지 아니한다위령공편." 공자는 필요한 말은 해야 한다고 믿었던 사람이기에 더불어 말할 사람을 가려서 해야 한다고 보았고, 대신에 더불어 말하지 말아야 할 사람과는 말하지 말아야 한다고 생각했던 것이다. 이는 노자가 말하는 '말을 적게 하는 행위'와는 조금 차이가 있을 수 있지만, 말을 함에 있어서 신중을 기해야 한다는 점에서 일치하는 부분이 있다.

〈논어〉의 마지막을 장식하는 '요왈편'에서 공자는 군자가 꼭 알아야 할 중요한 세 가지 덕목을 말한다. '천명天命'과 '예禮'와 '말言'이었다. 그 중에서 "말을 알지 못하면 사람(의 선악)을 알 수 없다不知言 無以知人也"고 했다. 이는 참된 말과 거짓된 말을 구분할 줄 알아야 한다는 것을 강조하는 것이라고 생각된다. 그런데 노자는 '말 하는 것'과 '아는 것'에 대하여, 지나칠 정도로 과격하고 철저하게 비판적이다. 어쩌면 그것은 말이 지닌 애매모호성 때문일 수도 있으며 한 걸음 더 나아가서는 "도道를 도라고 하면 이미 도가 아니다"라고 했던 1장의 진술과도 통하는 이야기이기도 하다. 그러할진대 하물며 제대로 알지 못하는 것을, 혹은 권모나 술수와 같은 이기적인 욕망에 가득 찬 말들이야 말해서 무엇 하랴! 그러므로 '말하는 사람은 알지 못한다.'고까지 말하게 되는 것이다. 극단적 표현이지만, 이렇게 말하는 노자의 역설을 우리는 이해할 필요가 있다.

또한 "구멍을 막고塞其兌, 그 문을 닫으며"라는 표현에 대해서도 여러 가지 해석이 있다. 이는 앞의 『도덕경』 52장에서도 나온 말이지만, 왕필은 이에 대해 질박함을 간직하는 것含守質也으로 풀이한다. 여기서 '구멍'은 대개 감각기관으로 해석한다. 주역에서는 입口으로 풀이한다. 그렇게 보면 말을 삼가라는 앞의 뜻과 연결된다. 그러나 더 넓은 뜻이 있으니, 눈으로 보는 일,

귀로 듣는 일, 심지어 인체의 모든 뚫린 감각기관을 닫으라고 할 만큼 감각기관의 제한적 통제가 필요하다는 것을 말하는 것이다. '문을 닫으라.'는 것도 같은 맥락이다. 우리는 외계의 인식 대상을 완전히 차단하며 살 수는 없다. 세상 돌아가는 일에 온전히 둔감할 수는 없는 일이다. 그러나 그 모든 일에 일일이 간섭하며 흥분하며 살 수는 없다. 피곤해질 뿐이다. 문제는 왕필의 말처럼 내면의 질박함을 잃지 않고 간직하는 일이 중요하다. 그 질박함이란, 사랑과 겸손 등의 덕목일 것이다.

"그 날카로움을 꺾고, 그 엉킨 것을 푼다."는 것은 무엇일까? 날카로움은 다툼을 말한다. 그러므로 엉킴을 푼다는 것은 다툼의 원인을 제거하는 것을 말한다除爭原也. 인간의 일생은 끝없는 다툼의 연속이다. 집단과 집단, 나라와 나라 어느 것 할 것 없이 다툼이 계속되고 있다. 노자가 살던 전국시대야 더 말 할 필요가 없지만 오늘날도 마찬가지다. 누가 그 분쟁을 말릴 수 있을까? 노자의 지혜를 빌릴 필요가 있다. 성질을 곧추세우고 날카롭게 대립할 것이 아니라, 성질을 누그러뜨리고 서로 양보하며 원한 관계를 풀어 나가는 지혜가 필요하다. 국가적 차원에서는 날카로운 무기 경쟁과 전쟁연습을 그만두고 총과 칼을 바꾸어 쟁기와 호미 같은 농기구로 만들어야 할 것이다. 그러나 말이 쉽지 현실은 그렇지 않다. 최신 무기를 더 많이 생산하여 수출함으로써 돈을 벌자는 자본가와 권력자들이 행세를 하는 한 세계의 무기 경쟁은 그칠 날이 없을 것이다. 그래서 평화를 추구하는 노자의 작은 울림은 여전히 유효하다.

"그 빛을 누그러뜨리고, 세속의 먼지와도 함께한다."는 것은 또 무슨 뜻인가? 이는 앞선 노자의 4장 본문에서도 나왔는데,

그 만큼 노자 사상에서 중요한 개념이라는 것이다. 이 본문에서 "빛을 누그러뜨린다和其光."는 것에 대한 해석은 지금까지 분분하다. 문자적 해석의 한계 때문이다. 예컨대, 우리 국내의 학자들만 해도 "그 빛을 조화시킨다(최진석)." 혹은 "그 빛을 함축한다(이강수).", "그 빛과 함께한다(유영모)."라는 식으로 다양하다. 이들의 해석도 각기 타당성이 있다. 하지만 약간씩 그 뉘앙스는 달라진다. 장기근이나 김홍경은 "빛을 누그러뜨린다."는 왕필의 견해를 따랐다. 필자도 이 견해를 지지한다. 이는 일찍이 하상공의 해석에서도 볼 수 있다. "비록 혼자만 아는 밝은 지혜가 있더라도 그 빛을 누그러뜨려 어둡게 함으로써 빛이 나지 않도록 해야 하고, 혼자만 별난 사람이 되지 말아야 한다."고 했던 것과 상통하는 이야기다. 이는 이어서 나오는 본문의 "현묘하게 하나 된다玄同"는 설명과도 자연스럽게 맥을 같이 하기 때문이다.

"현묘하게 하나 되는", '현동'은 예수의 성육신 사건과 비유할 수도 있다. 이는 앞의 4장에서도 설명한 바 있지만, "그는 근본 하나님의 본체시나 자기를 비워 종의 형체가 되어 사람들과 같이 되었다."는 표현에서 볼 수 있다. 예수의 마구간 탄생의 이야기라든가, 일생을 겸손하게 살다간 그의 생애는 빛이 먼지와 같은 천한 사람들과 하나 된 삶을 살았던 것을 모범적으로 보여주는 것이다. 그야말로 스스로 빛을 지니고 있으면서도 더럽고 어두운 세상과 하나 됨으로써, 천한 것을 천하다 여기지 않고 만물과 함께 어울릴 수 있었기 때문에 "천하의 귀한 것"이 되었다故爲天下貴.

이와 같이 현묘하게 하나 되는 '현동'의 경지에서는 가까이 할 수도 멀리 할 수도 없고, 이롭게 할 수도 해롭게 할 수도 없으며, 귀하게도 천하게도 할 수 없게 된다. 소위 친소親疎, 이해利害, 귀천貴賤의 관계를 넘어서는 초월적 정신을 말하는 것이기도 하다. 이는 불교에서 말하는 유무 장단의 대립과 경계를 넘어서는 중도로서의 초월적 정신이라고도 볼 수 있다. 하상공처럼 '현동'을 '하늘의 도'와 함께하는 초월적 도의 경지로 볼 수도 있고, 어떤 이들의 해석처럼 단순히 처세의 방편으로 해석 할 수도 있다. 어느 한가지로만 고집 할 수 없는 해석상의 여지가 많다. 오히려 이들 두 가지 해석을 모두 결합 절충하는 것이 더 옳은지도 모른다. 예컨대, '현묘한 하나 됨'이란 하늘의 뜻과 도리에 따른 행위로서 일체의 차별과 분별을 넘어서서 하나의 세계를 지향하는 것으로 보아도 좋을 것이다. 구원과 해방의 의지를 가지고 시종 겸손한 자세로 일체의 소외된 자들과 하나 되고자 했던 예수의 성육신이 그러하듯이.

제 57장

바름의 정치와 하나님의 나라

"올바름으로 나라를 다스리고,
기이함으로 군사를 사용하며,
무사함으로써 천하를 얻는다.
내가 어떻게 그러함을 알겠는가?

이러한 것으로 그렇다는 것을 안다.
천하에 금기가 많으면 백성은 더욱 가난해지고
백성들이 예리한 도구(권모술수)를 많이 갖게 되면
국가는 더욱 혼미해지고
사람들이 기교가 많아지면
기이한 일들이 늘어나고
법령이 엄격히 늘어날수록 도적이 많아진다.

그러므로 성인이 이르기를, 내가 무위하니 백성은 스스로 교화되고
내가 고요함을 좋아하니 백성들이 스스로 올바르게 되며
내가 일을 꾸미지 않으니 백성들이 저절로 부유해지고
내가 무욕하니 백성들이 스스로 소박해진다고 했다."

以正治國, 以奇用兵, 以無事取天下, 吾何以知其然哉,
以此, 天下多忌諱, 而民彌貧, 民多利器, 國家滋昏,
人多伎巧, 奇物滋起, 法令滋彰, 盜賊多有,
故聖人云, 我無爲而民自化, 我好靜而民自正,
我無事而民自富, 我無欲而民自樸.

노자는 이상적인 정치의 최고 원칙이 무엇인가를 말하고 있다. 그것은 한마디로 요약하면, '인위적有爲'인 정치는 '무위無爲'의 정치만 못하다는 것이다. 그야말로 '무위로 다스리는 정치無爲而治'를 최고의 이상으로 말하고 있다. 본 장은 앞선 『도덕경』37장의 내용과 상응하는 부분이다. 37장에서 이상적인 정치로서의 '무위無爲'에 따른 결과로서 '스스로 교화되는自化' 모습을 말하고 있는데, 이 장에서 더욱 구체적으로 논하고 있다. 본 장의 첫 문장부터 "올바름으로 나라를 다스린다."고 했다. 올바름으로 나라를 다스린다는 것은 바른 도리正道로써 나라를 다스린다는 것이다.

대외적으로는 군사를 사용함에 있어 기이한 용병의 전술을 사용한다는 것이다. 즉, 대내적으로는 바른 도리로써 정치를 실행하고對內用正, 대외의 적에 대해서는 기이한 용병술을 사용하여 이를 물리친다는 것이다對外用奇. 그러나 이러한 방법보다도 더 중요한 것은 "무사無事"함으로써 천하를 얻는다는 것이다. 무사하다는 것은 무엇인가? 쓸데없는 일을 헛되이 꾸미지 않는다는 뜻이다. 이른바 무위를 말한다. 그럴 때 천하를 얻고 다스릴 수 있다는 것이다. 왜 그럴까? 노자는 이어서 자세히 설명한다. 예컨대 "천하에 금기가 많으면 백성은 더욱 가난해진다."는 것이라든가, 권모술수나 기교가 많아질수록 나라는 혼미해지고, 법령이 늘어날수록 도적이 더욱 날뛴다는 등이다.

금기禁忌가 많다는 것은 그만큼 사회가 불안정하다는 것이다. 나라가 불안정하다보면 백성들은 더욱 가난해질 수밖에 없을 것이다. "백성들이 '예리한 도구'를 많이 갖게되면, 국가가 더욱 혼미해진다."는 말에 대해서는 몇 가지 다양한 해석이 있다. 문제는 '예리한 도구', 즉 '이기利器'가 무엇인가 하는 것이다. 우선 왕필은 이를 '자기를 이롭게 하는 도구利己之器'로 해석한다. 그리하여 "백성들이 강해지면 나라가 약해진다民强則國家弱"고 한다. 이에 대해 '이기'를 날카로운 기구로서의 '병기兵器'로 보는 이도 있고莊錫昌, '지혜'나 '권모'로 보는 이도 있다陳鼓應. 하상공은 '이기'를 '권權'으로 해석하여 일종의 권세다툼 정도로 이해하고 있는 듯하다. 어느 해석을 보더라도 백성들이 모두 자기 자신이 유리한 쪽으로 '이기'를 사용하면 국가는 오히려 혼미해지게 된다는 이치에 이른다. 그리고 오늘날과 같은 문명의 이기利器로 해석한다고 해서 틀렸다고 말할 수 없다. 문명의 이기가 오히려 해악을 끼치는 경우가 많기 때문이다. 혹은 보기에 따라 '이기'를 법률의 날카로운 적용으로 해석할 수도 있을 것이다. 어쨌든 날카로운 적용은 또 다른 상처와 피를 불러오게 마련이다.

또한 "법령法令이 엄격히 늘어날수록 도적이 많아진다."고 했는데, 왕필본이 아닌 더 이른 판본인 죽간본에서는 '법령'이 아니라 '법물法物'로 되어있다. 그렇다면 해석은 또 달라지게 마련이다. '법물'은 하상공의 해석처럼 백성들이 누구나 당시에 가지고 싶어 하는 좋은 물건을 뜻했다. 그러므로 "좋은 것이 늘어날수록 도적이 많아진다."라는 해석이 가능하다. 어느 판본을 따를 것인가 하는 것은 해석자의 몫이지만, 법령만으로는 인간의 탐욕을 제한할 수 없다는 것을 말해준다. 법령이나 제도를 넘어서서 근원적으로 병폐를 없앨 수 있는 방법은 오직, 성인이 그러하듯이 일체의 인위를 거부하는 '무위', 고요함을 즐기는 '호정好靜', 일을 꾸미지 않는 '무사無事', 탐욕이 없는 '무욕'의 정신과 태도가 필요하다. 이러한 태도를 지닐 때, 비로소 백성은 스스로 교화되고自化, 스스로 올바르게 되며自正, 저절로 부유해지며自富 스스로 소박해진다自樸는 것이다. 그러나 이것은 어디까지나 현실세계에 비추어볼 때 유토피아 같은 '이상理想국가'에 지나지 않을 수 있다. 그래서 노자는 '소국과민小國寡民'을 말했는지도 모른다. 사실 역사를 뒤돌아보아도 고대 그리스 시대의 플라톤은 〈이상 국가〉를 논했고, 토마스 모어 또한 「유토피아」를, 마르크스는 공산주의를 이상적 통치 원리로 보았으나 그 어느 것도 아직 역사 속에서 제대로 실현된 바 없다. 이것이 이상과 현실의 괴리가 아닌가 한다.

이러한 노자의 바름의 정치 혹은 무위의 정치를 그리스도교에 비유하자면 예수의 하늘나라 곧 신국神國에 비유할 수도 있다. 물론 노자가 말하는 무위자연의 이상적 통치 국가는 예수가 말하는 하늘나라와 전적으로 다르다. 그럼에도 불구하고 서로 통하는 바가 있다면, 인간의 탐욕이 배제된 '무욕의 나라'라는 것이다. 노자가 '무위이치無爲而治'의 국가를 구상하였고, 공자는 왕도정치를 구현하고자 했었다면, 예수는 하나님의 정의가 실현되는 신국神國을 꿈꾸었을 것이다. 사도 바울도 하늘나라는 다만 "먹고 마시는 데에 있지 않고, 오직 정의와 평화와 기쁨이 실현되는 나라."라고 했는데 그것이 바로 인류가 꿈꾸어 오는 이상 국이 아닐까도 싶다. 이는 바로 도道의 의지로서의 천도天道, 곧 "하나님의 뜻이 땅에서도 이루어지기를 바라는" 예수의 기도일 수도 있다.

이는 비단 예수나 공자가 꿈꾸어 온 이상적인 나라로서만이 아니라, 우리의 현실 생활과 비추어 볼 때 한 국가의 구성원으로서 개인의 욕망을 넘어, 또한 내부적 갈등과 모순을 넘어 인간이 지닌 보편적이고 무한한 선량한 본성을 발현하여 세계정신과 같은 보편적 도의 원리에 따라 살아가기를 촉구하는 정의와 평화의 메시지일수도 있다. 물론 그것은 오직 무위와 무욕을 바탕으로 할 때만이 초월적으로 성취 가능한 것이다. 특히 노자 당시 제왕이나 제후들의 권모술수와 사리사욕이 팽배했고, 법령이나 제도가 대개 백성들에게 불리하거나 해로운 것들이었음을 감안하다면, 본문은 지도자의 자리에 있는 사람일수록 "일을 꾸미지 않고無事" 사욕이 없이 정사政事에 임함으로써, 천하를 얻는 정신을 배워야 한다는 것이다. 이것이 곧 노자가 말하는 '무위이치無爲而治'요, 마음이 맑으면 하나님을 볼 것이라 했던 예수의 '청정무위淸靜無爲'의 하나님의 나라라고 보아도 좋을 것이다. 어지러운 세상에 노자와 예수 모두가 이런 세상을 꿈꾼 것은 아닐까? 바울의 고백처럼, "나는 죽고 그리스도道가 내 안에 살 때" 이미 그곳이 천국이듯이 말이다.

제 58장

행복과 불행의 변증법,
그 초월의 미학

"정치가 관대하면 그 백성은 순박해지고
정치가 까다로우면 그 백성은 교활해진다.
재앙에 복이 깃들어 있고 복에 재앙이 숨어있으니
누가 그 끝을 알겠는가?

그 끝은 일정하지 않다.
바른 것도 다시 기이한 것이 되고
착한 것도 다시 요사한 것이 된다.
사람들이 미혹된 지 오래되었구나.

그러므로 성인 자신은 방정하지만
남을 잘라 방정하게 하려 하지않고
예리하지만 남을 상하게 하지 않으며
정직하지만 제멋대로 하지 않고
빛나면서도 번쩍거리지 않는다."

其政悶悶, 其民淳淳, 其政察察, 其民缺缺,
禍兮福之所倚, 福兮禍之所伏, 孰知其極,
其無正, 正復爲奇, 善復爲妖, 人之迷, 其日固久,
是以聖人方而不割, 廉而不劌, 直而不肆, 光而不燿.

노자는 본장에서 성인聖人의 태도를 말하면서 백성을 어떻게 돌보아야 할 것인가 하는 정치적 자세를 말하고 있다. 그 자세는 다름 아닌 노자 특유의 소박한 변증법을 이해하면 분명하게 알 수 있다. 본장을 자세히 살펴보면 3단계로 설명하고 있다. 첫 단락에서는 정치가 관대하면悶悶 백성이 순화되고淳淳, 정치가 까다로울수록察察 백성은 교활해진다缺缺고 했다. 정치가 관대하다는 것은 무위無爲의 정치를 말하는 것이고, 까다로워진다는 것은 '유위有爲'의 정치를 말하는 것이다. 유위의 정치는 인위적인 정치를 말하는 것이니, 간교한 수단이 들어가게 되고 사회가 결국은 어지러워지게 된다. 이것은 무위와 유위의 변증법을 보여주는 것이라 할 수 있다.

두 번째 단계에서는 복과 화의 변증법이다. "재앙에 복이 깃들어 있고, 복에 재앙이 숨어있다"는 말이 그것이다. 이것은 앞선 『도덕경』 42장에서 "만물은 음을 지고 양을 품는다萬物負陰而抱陽."고 한 바와 같다. 만물은 스스로 음양을 내포하고 있다는 것이다. 마치 남성 속에도 여성성이 있고, 여성 속에도 남성성이 있는 것과 같다. 동전의 양면처럼 좋은 점이 있으면 나쁜 점도 동시에 지니고 있는 것이 만물의 생리인지도 모른다. 그러므로 복이 있다고 하여 큰소리치지 말 것이며, 화를 입었다고 하여 크게 슬퍼 할 일도 아니다. 전화위복이란 말이 있거니와, 예수가

"선 줄로 생각하면 넘어질까 조심하라"고 했던 것도 같다. 이는 또한 『도덕경』 2장에서 고하, 장단 등의 일체 모든 것이 상대적이라고 했던 것과도 통하는 변증법적 원리다.

　세 번째 단계는, 이러한 모든 상대적 변화의 과정에서 "누가 그 끝을 알겠는가?"하는 질문에 대한 노자의 답변으로 그 대답을 성인의 행위에서 찾는다. 이른바 성인의 처세철학이다. 성인 자신은 방정하지만 남을 이러쿵저러쿵하며 재단하지 않고, 예리한 판단력과 비판정신을 가지고서도 남을 해롭게 하지는 않는다. 뿐만 아니라 본인은 올곧고 정직하면서도 제멋대로 행하지 않고, 광명처럼 빛나지만 자랑스럽게 떠들어대며 번쩍거리지도 않는다. 이러한 성인의 행위 또한 노자가 주장하는 소박한 변증법의 이치다.

　한 나라의 정치가 혹은 지도자가 인위적인 술수를 동원하지 않고 자연스러운 이치와 정황에 따라 무위의 정치를 실행한다면 얼마나 좋을까 싶지만 과연 그러한 성인의 정치를 실현할 수 있는 이가 얼마나 있을까? 아마 불가능한 일인지도 모른다. 하지만 노자는 서슴없이 무위의 정치를 실현해야 한다고 말한다. 그럴 때 비로소 성인의 정치가 될 수 있다는 것이다. 성인의 정치철학 그것은 분명 이상이다. 그럼에도 불구하고 우리에게는 이상이 필요하다. 그 이상적인 정치행위가 결여될 때, 현실은 더욱 혼란스러워지기 때문이다. 유구한 인류 역사의 정치사를 보더라도 선과 악, 화와 복, 정의와 불의는 부단히 순환하면서 돌고 돌았다. 이를테면 변증법적 역사의 전개 과정이라는 말로도 표현할 수 있겠으나, 그 과정 중 불의의 근본 원인은 무위의 통치가 아니라 사리사욕의 유위의 통치라는 점은 부인할 수 없다.

정의롭던 사회지도자가 불의한 지도자로 돌변한 경우라든가, 평화를 주장하는 이가 전쟁을 주도하는 자가 되거나, 인권을 주장하던 사람이 폭군이 되는 사례를 종종 보게 된다. 그러나 성인의 통치는 그러하지 않고, 오히려 예수의 경우처럼 섬기는 봉사자로서의 리더십servant leadership을 보여주고 있다. 칼이나 무력으로 평화를 가져오는 것이 아니라, 철저한 비폭력 평화의 겸손한 지도력으로 빛을 발할 뿐이다. 천지는 무심한 것 같지만 만물은 저절로 자라듯이, 하나님도 무심한 것 같지만 만물을 침묵 속에 무위로 다스린다. 백성을 향한 왕의 통치도 이와 같이 관대함이 필요한 것이다. 이솝의 우화처럼 "햇볕정책"이 우선은 손해가 되는 것 같아도, 끝내 강한 "칼바람의 정책"을 이긴다는 것을 명심할 필요가 있을 것이다. 더구나 인간사 새옹지마요 전화위복이라는 말이 그냥 있는 것이 아니라는 것을 깨닫게 된다면, 복 중에 화가 있고 화 가운데 복이 있다는 역설을 더욱 잘 이해할 수 있을 것이다.

남북한은 오래전부터 대치 상황에 있다. 응당 양국의 통치자들은 대립을 고착화시키지 말고, 변화에 주목하고 유연하고 관대하게 대해야 한다. 서로가 화를 입었지만 언제까지나 그럴 수는 없다. 한편 복을 누린다 해도 또 언제까지나 그럴 수도 없다. 대립을 극복하고 조화의 세계로 나아가는 것은 오직 성인들이 그러하듯 "일흔 번의 일곱 번이라도 용서하라"는 예수의 관용정신과 겸손의 미덕이 필요한 법이다. 혼을 내어 주어야 한다는 강경노선은 더욱 대립과 단절을 심화시킬 뿐이다. 다시 성인의 미덕을 생각해 보자. 자신은 방정하고, 예리하며, 정직하고 빛이 나더라도 상대를 차별하거나, 상처를 주거나, 함부로 대하거나, 번쩍거리지 않는다는 것을.

제 59장

아낌의 철학

"사람을 다스리고 하늘을 섬기는 데는
아끼는 것보다 좋은 것이 없다.
오로지 아끼기 때문에
이로써 일찍이(무슨 일에나) 대비할 수 있다.

일찍 대비한다는 것은 두텁게 덕을 쌓는 것을 말 한다.
두텁게 덕을 쌓으면 능히 극복하지 못할 것이 없고
극복하지 못할 것이 없기에
그 한계는 (알 수 없을 만큼)무한하다.

그 한계를 알 수 없을 정도가 되면 나라를 가질 수 있으며
나라의 어머니라고 할 수 있는 도가 있어야 장구할 수 있다.
이것을 일러 뿌리가 깊고 단단하다고 하니
오래 살 수 있는 길이라 할 수 있다."

治人事天莫若嗇, 夫唯嗇, 是以早服
早服, 謂之重積德, 重積德, 則無不克,

無不克, 則莫知其極, 莫知其極, 可以有國
有國之母, 可以長久, 是謂深根固柢, 長生久視之道.

대체 '아낌'이란 무엇인가? 부모가 자식을 아끼고, 연인이 그
상대를 아끼고, 스승은 제자를 아낀다. 이런 아낌은 모두 사랑을
그 바탕으로 하는 것이다. 그런가 하면 물건을 아껴 쓰며 절약하
는 것도 아낌이다. 우리말에는 이처럼 아낌이라는 것이 정신적,
물질적 두 가지 측면을 다 내포하고 있다. 그런데 본문에서 말하
는 노자의 아낌이란 그 의미가 약간 다르게 다가온다. 그 이유는
무엇일까?

노자에게서 아낌이란 언행을 신중히 해야 한다는 의미가 있다.
이 아낌이란 행동철학의 원리에서 노자는 정치와 양생의 도리를
밝히고 있다. 정치하는 지도자가 사람을 다스리는 일治人이나 하
늘을 섬기는 일事天에는 오직 아낌嗇보다 소중한 것이 없다는 것
이다. 아낌이란 안으로 삼가 신중하게 행하는 것으로 덕德을 쌓
는 것이다. 여기서 '하늘을 섬기는 일事天'을 '자기수양'으로 해
석하는 이도 있다. 어쨌든 좋다. 맥락은 다 통하는 이치다. 아낌
이란 언행을 신중하게 함으로써 결국 '하늘의 뜻'인 도를 행하
는 것이 된다. 그러한 아낌의 정신으로 인해서 하늘의 도를 따르
는 셈이 되니 무슨 일이든지 조기에 염려를 피할 수 있게 된다早
服. 이른바 유비무환이다.

〈한비자, 해로〉편에서도 '아낌嗇'을 '그 정신을 사랑하는 것'
으로 해석했고, 고형高亨은 '간직 한다'는 뜻으로 해석했다. 그
러니 모두 도道의 기본적 정신을 마음에 간직하고 사랑하며 실

천하는 것으로 볼 수 있다. 이렇게 거듭 덕을 쌓는 행위를 통해 重積德 온갖 장애를 극복하고無不克, 끝내는 나라를 얻게 되고有國, 그 도의 튼튼한 뿌리로 인해 장구한 세월 훌륭히 나라를 잘 다스릴 수 있게 된다는 논리다. 그런데 놀랍게도 노자에게서 도의 기본정신은 바깥으로 드러나는 데 있기 보다는 늘 안으로 수장되거나 은폐되는 가운데서 그 진가가 더 잘 드러난다. 노자 본문의 앞장에서, "그 구멍을 막고 문을 닫으라塞其兌閉其門."고 한 데서 잘 말해준 것과 같다. 또한, 예수가 "너희는 골방에 들어가서 은밀히 보시는 너희 하나님께 기도하라."고 했던 말을 연상케 한다. 길가의 큰 네거리에서 큰 소리로 기도하는 외식하는 자처럼 하지 말고 은밀한 가운데서 보시고 기도를 들어주시는 하느님께 내밀한 기도를 드리라는 것이다.

언행을 신중히 하라는 것은 아무리 강조해도 지나침이 없다. 특히 나라를 다스리거나 정치하는 자들의 입에서 나오는 말은 더욱 신중해야 한다. 말로서 사람을 살리거나 죽일 수도 있기 때문이다. 나라를 다스리는 일治人도 그러하지만 하늘을 섬기는 일事天은 더욱 그렇다. 하늘을 우러러 한 점 부끄럼이 없는 정치를 한다는 것이 어쩌면 불가능한 일인지도 모른다. 그래도 노자는 그것을 가능하게 하는 것이 '아낌'이라 했다. 그 아낌은 창고에 곡식을 쌓아두고 욕심을 내어 아끼다가嗇 부패하도록 저장하라는 뜻이 아니라, 도와 덕의 원리에 따라 언행을 신중히 하라는 뜻이니, 석가가 말하는 신구의身口意의 삼독三毒을 조심하라는 뜻과도 통하는 것이다.

물론 왕필의 해석처럼 '아낌嗇'을 '농부'로 해석할 수도 있다嗇, 農夫. 힘써 잡초를 제거함으로써, 병충이나 흉작의 원인을 제

거하여 위로는 천명天命을 다하고 아래로 백성을 편하게 다스리는 것으로서 '아낌'보다 더한 것이 없다는 식이다. 그리하여 오직 농부만이 일찍 도를 따를 수 있다는 것이다. 독창적인 해석으로 '치인'과 '사천'을 농부의 삶의 원리에 적용한 것이다. 따지고 보면 우리는 모두 하늘의 운행 원리에 따라 살아야 하는 농부일 수 있다. 오직 그럴 때만이 '도가 스스로 그러함을 본받듯이道法自然', 인간도 땅과 하늘의 '스스로 그러한 원리'를 본받을 수 있는 것인지 모른다.

'치인'과 '사천'은 사랑과 절제의 미덕이다. '아낌의 길'은 사람을 다스리기治人 전에 먼저 자신을 다스리고治身 수양함으로써, 내면의 덕을 거듭 쌓아 장차 황하처럼 거침없이 흐르고 태산처럼 우뚝 서게 되어 온 나라를 얻어 멸망치 않는 장생구시長生久視의 도를 이루는 것이니, "하늘의 뜻이 땅에서도 이루어지는" 진인사합천명盡人事合天命의 길이다. 이로써 사람과 하늘이 서로 감응하게 되고, '사람의 길'이 '하늘의 길'이 되니 이 길이 예수의 사랑의 길이요, 석가의 '여여'한 길이며, 또한 노자의 무위의 길이기도 하다.

제 60장

생선을 굽듯 나라를
다스리는 도의 통치

"큰 나라를 다스리는 데는
작은 생선을 요리하듯 해야 한다.
도를 지니고 천하를 다스리면
귀신도 조화를 못 부린다.

귀신도 조화를 못 부릴 뿐만 아니라
신도 사람을 해하지 못한다.
신도 사람을 해하지 못할 뿐만 아니라
성인도 사람을 해하지 못한다.
신도 성인도 사람을 해하지 못하기 때문에
모든 덕이 백성에게로 돌아간다."

治大國, 若烹小鮮, 以道莅天下, 其鬼不神, 非其鬼不神, 其神不傷人.
非其神不傷人, 聖人亦不傷人, 夫兩不相傷, 故德交歸焉.

본장에서 노자는 앞선 57장에서 59장에 걸쳐 설명한 치국治國의 도리를 다시 총괄적으로 논하고 있다. 그 나라를 다스리는 원리를 노자는 작은 생선을 요리하는 것에 비유하여 설명하고 있는 것이다. 작은 생선을 요리한다는 것은 작은 생선인 만큼 부서지지 않게 그만큼 조심스럽게 요리해야 한다는 뜻이다. 이를 치국에 비유한 것은 백성을 요란스럽게 하거나 함부로 다루어서는 안 된다는 것을 의미한다. 즉, 고요하고 신중하게 청정의 원칙에 따라 백성을 다스릴 것을 말한다. 그것이 다름 아닌 도道의 원리다. 그래서 "도를 지니고 천하를 다스리면以道立天下", 귀신도 조화를 못 부린다고 한 것이다. 아무리 영험한 귀신이라도 '도道' 앞에서는 어쩔 줄 모른다. 도 앞에서는 귀신뿐만 아니라 신神도 어쩌지 못한다 했다. 참으로 도란 지극한 경지다. 그러므로 도는 진리의 극치요, 진리 그 자체다. 그래서 공자도 "아침에 도를 들으면(깨달으면) 저녁에 죽어도 좋다朝聞道夕死可矣"고 했으리라. 그만큼 도의 중요성을 말하고 있는 것이다.

예수에게 비하면 진리는 "길道"이요 생명이다. 생명의 길로서 죽음을 택했지만, 죽지 않은 이치와 같다. 며칠 전 작고한 '남아공의 성자' 넬슨 만델라 또한 인종차별과 각종의 억압을 넘어 생명의 길을 택하여 살다가 죽었지만, 죽지 않았다. 그의 생명은 여전히 역사에 살아 숨 쉬고 있는 것이다. 관용과 화해의 정치로 아프리카와 전 지구상에 존재하는 흑백의 오랜 인종 갈등을 풀고자 했고, 정의와 평화의 사도로서 실천적 모범을 보인 그는 영원히 인류사에 살아있는 스승으로 기억될 것이기 때문이다. 귀신은 물론이고, "신도 성인도 해하지 못하는" 도의 정치학, 그래서 결국은 모든 덕이 백성에게로 돌아가는 '덕의 정치'는 가까이 살다간 넬슨 만델라의 행보에게서도 볼 수 있는 것이다.

생선을 굽듯이 하는 조심스러운 통치, 그것은 힘으로 백성을 들볶기보다는 관용과 사랑으로 통치하는 것이다. 물론 가장 좋은 방식은 무위자연의 정치無爲而治다. 작은 생선을 자꾸 뒤집다 보면 산산이 부서지기 마련이다. 상처가 많은 백성일수록 더욱 그렇다. 나라가 혼란스러울수록 지도자는 백성의 소리에 가만히 귀를 기울이고 더욱 신중히 판단해야 한다. 이른바 '도를 닦는 수신以道修身'으로 자신을 가다듬고 차분히 백성을 교화해야 한다 以道化民. 나라가 커질수록 일이 번잡해지는 것은 지극히 당연한 일이다. 하지만 그럴수록 도를 굳게 지키면 모든 도리가 결국은 서로 상통할 것이나 도를 떠나는 순간 권모와 술수가 귀신처럼 횡행하고 재앙이 끊일 날이 없을 것이다.

세상은 끊임없이 전변한다. 인간은 자연 앞에 무기력할 뿐만 아니라, 생로병사의 고리마저 끊을 수 없는 것이 인생이다. 어디서 와서 어디로 가는지는 모르지만 그 '뿌리'로 돌아가는 것復歸於其根은 분명한 듯하다. 그 '뿌리'를 '도'라고 보아도 좋고, '하나님'이라고 보아도 좋을 것이다. 노자는 물론 그것을 '스스로 그러함自然'이라고 말했지만 말이다. 구약성서에서 모세가 "하나님, 당신은 누구십니까?"라고 물었을 때, "나는 스스로 있는 자(여호와)다."라고 한 대답도, '스스로 그러한' 근원을 가진 뿌리라는 것이 아니겠는가? 우리가 늘 이 '뿌리 의식'을 가지고 산다는 것은 일종의 심판의식과도 같은 것으로, 노자가 「도덕경」 1장에서 "욕심을 내어도 그 돌아갈 끝자리徼를 알아라."고 했던 말과 통하는 것이다. 이와 같이 지도자가 '도의 의식'을 가지고 수신하며 백성을 대하고 살 때, 결국은 '죽어도 죽지 않는' 그

미덕이 온 백성에게 미쳐 태평성세太平盛世를 이루게 되리라는 것
이다.

제 61장

자신을 낮출수록 커지는 나라

큰 나라는 아래로 흐르니 천하를 품는 암컷이 되고
천하가 교차하여 만나는 곳이다.
암컷은 항상 고요함으로 수컷을 이기는데
그 고요함으로 인해 반드시 아래에 처하기 때문이다.

그러므로 큰 나라가 자신을 낮추어 작은 나라를 대하면
작은 나라를 취할 수가 있고
작은 나라도 자신을 낮추어 큰 나라를 대하면
큰 나라에 용납될 수가 있다.
그러므로 어떤 경우는 낮춤으로써 취하고
어떤 경우는 낮춤으로써 용납되어지기도 한다.

큰 나라는 (작은 나라)사람을 양육하고자 할 뿐이고
작은 나라는 (큰 나라)사람을 받아들여 섬기려고 할 뿐이다.
무릇 서로가 각각 그 원하는 것을 얻기 위해서는
큰 나라가 마땅히 자신을 낮추어야 한다.

大國者下流, 天下之牝, 天下之交也, 牝常以靜勝牡, 以靜爲下.
故大國以下小國, 則取小國. 小國以下大國,
則取大國. 故或下以取, 或下而取.
大國不過欲兼畜人, 小國不過欲入事人. 夫兩者各得其所欲, 大者宜爲下.

강물이 낮은 곳으로 흘러 모두가 바다에서 만나듯이, 큰 나라가 될 수 있는 이치도 낮은 곳으로 흐르는 겸양의 미덕에 있다는 것이다. 그 모습은 마치 암탉이 병아리를 품듯이 천하를 품게 되는 것과 같다. 천하를 품을 수 있는 넓은 가슴은 어디에서 오는가? 그것은 바로 고요함에서 온다. 암탉의 고요함이 알을 품어 병아리를 부화시키듯이, 암컷牝은 그 고요함으로 수컷牡을 이긴다. 그야말로 허정虛靜의 힘이 용맹을 이긴다는 것이다. 암컷雌은 많이 움직이고 많은 욕심을 내는 수컷雄에 비해 안정적이고 지속적인 특징을 지닌다. 그리하여 성질 급하고 용맹한 수컷보다는 안정적이고 차분하며 지구력이 강한 암컷이 결국 승리한다는 논리다. 이러한 여성적인 힘으로서의 허정 외에도, 노자는 가장 훌륭한 것을 부드러운 물에 비유한 바 있다上善若水. 아래로 흐르는 물과 같이 겸양의 미덕을 갖춘 나라는 반드시 작은 나라를 취하고, 작은 나라 또한 겸양의 도리를 지니면 큰 나라에 용납되어 많은 것을 얻게 된다는 것이다.

오늘날 세계의 대국은 누가 뭐라 해도 미국이나 중국이 아닐 수 없다. 하지만 이들 나라가 강대국이라 해서 함부로 약소국가를 침해하거나 괴롭히면, 세계 여론에 밀려 좋은 나라라는 평을 받을 수 없게 된다. 미국이 베트남 전쟁에서 패한 것은 좋은 교훈이 된다. 반대로 대국이 주변의 작은 나라들과 우호적인 관계를 가지면 상호 협조적인 결과들을 서로가 얻어 낼 수 있다. 하지만 동북아시아의 상황은 미묘하여 정치, 군사, 경제적으로 아주 복잡한 상황에 있다. 남북한의 관계만 해도 그렇고, 중일이나 한일의 영토 관계도 늘 분쟁거리다. 각국의 힘겨루기가 계속 되는 상황이다. 노자의 시대에도 영토뿐만 아니라, 각종 분쟁이 끊임없었다. 오직 해결책은 큰 나라가 작은 나라에 겸손하게 대하는 것이다. 서로가 서로에게 겸손하면 결국은 모두 호혜적인 결과를얻어내기 마련이다.

바다는 참으로 넓고 크지만 항상 낮은 곳에 처하기에 수만 갈래의 강줄기가 그곳으로 모인다. 마찬가지로 큰 나라는 비록 크고 넓지만 거만하게 행세하지 않고 겸손히 처신할 때 뭇 나라들이 우러러 공경하게 되는 법이다. 큰 나라를 큰 사람으로 바꾸어 말해도 같은 이치다. 예수도 그래서 "스스로 자기를 낮추는 자는 높아질 것이요, 자기를 높이는 자는 낮아질 것이라."했다. 암컷의 온유함과 겸손을 노자가 말했지만, 예수 자신도 "온유하고 겸손하다."고 했다. 결국은 "부드러움이 강하고 단단함을 이긴다柔弱勝剛強."는 노자의 전체 맥락과 일맥상통하는 이야기다. 바다는 천하가 돌아가는 지점이요, 천하가 다시 시작되는 지점이다. 마찬가지로 온유와 겸손은 모든 덕의 출발이요 종점이 아닐까?

얼마 전 죽음을 맞이한 '열린 나라'의 남아프리카 공화국의 넬슨 만델라 대통령의 죽음과 '닫힌 나라' 북한의 장성택의 죽음은 우리에게 많은 것을 생각하게 해 준다. 전자는 인류 평화를 위해 살다간 평화와 사랑의 죽음이었다면, 후자는 아무래도 권력구조에 의한 '정치적 죽음'이라 하지 않을 수 없다. 웰빙well-being도 중요하지만, 웰다잉well-dying도 더욱 중요한 시대에 우리는 살고 있다. 일생을 정의와 선善, 그리고 온유와 겸손으로 살아 갈 수 있다면 적어도 거침없이 바다로 흘러가는 유유한 강물 같은 삶을 살 수 있지 않을까? 낮아질수록 커지는 나라, 그 바다 같은 나라가 그립다.

제 62장

노자의 도와
"죄인을 구하러 왔다"는 예수의 도

"도는 만물의 심오한 근본이다.
착한 사람의 보배요
착하지 않은 사람도 간직해야 하는 것이다.
멋진 말은 저자거리에서도 통할 수 있고
훌륭한 행실은 사람에게 영향력을 줄 수 있으니
사람에게 좋지 않은 것이 있다고 해서 그 사람을 어찌 버리겠는가.

그러므로 천자가 즉위하고 삼공을 설치하여
큰 벽옥을 앞세우고 네 필의 말이 이끄는 수레를 뒤따르게 할지라도
가만히 앉아서 이 도에 나아가는 것만 못하다.
옛날부터 이 도를 귀하게 여겼던 이유는 무엇인가?
도를 지키면 구하여 얻고, 죄가 있어도 면한다고 하지 않았던가?
그러므로 천하의 귀한 것이 된다."

道者, 萬物之奧, 善人之寶, 不善人之所保,
美言可以市, 尊行可以加人, 人之不善, 何棄之有,

故立天下, 置三公, 雖有拱璧以先駟馬, 不如坐進此道.
古之所以貴此道者何, 不日以求得, 有罪以免邪, 故爲天下貴.

　노자는 시종일관 도의 중요성을 말하는데 본 장에서도 그 이유
를 설명하고 있다. 도는 참으로 오묘한 이치로서 가히 만물의 으
뜸이자 근본이 될 수 있다고 한다. 이는 그리스도교에서 '그리
스도가 만물의 으뜸이 되었다.'고 했던 것과 같다. 그 이유는 예
수가 자신을 복종시켜 하나님의 '말씀로고스' 곧 도에 순종했기
때문이다. 도에 순종함으로써 도의 주인이 될 수 있었다는 역설
이다. 노자에게서 도는 만물의 으뜸이 되니 착한 사람 착하지 않
은 사람 가릴 것 없이 누구나 간직해야 할 보배라고 하였다. 마
치 사람이라면 누구든 태양을 외면할 수 없듯이 도를 간직하고
살아야 하는 생명과도 같은 보물에 비유했다.
　노자는 착하지 못한 사람이라고 해서 함부로 배척하지 말아야
할 이유를 들었는데, 그것은 그러한 사람에게도 바르게 살 수 있
는 도의 원리가 내장되어 있기 때문이라는 것이다. 예컨대 그리
스도교에서 선인이나 악인이나 모두가 다 '하나님의 형상'으로
지음 받은 '신성神性'이 내재되어 있다는 것과 같다. 누구에게나
재능은 있게 마련이고 그 재능을 선용하는 것이 중요하다. 훌륭
한 선행이 만인에게 귀감이 되는 것이야 말할 필요도 없다. 그
래서 예수도 "의인을 부르러 온 것이 아니라, 죄인을 부르러 왔
다."고 했고, "너희 중에 죄 없는 자가 먼저 돌로 쳐라."하지 않
았던가? 도의 가치와 위엄은 무한한 포용력에 있는 것이다. 아
무리 큰 죄인이라 할지라도 생각을 돌이켜 도道, 즉 '하나님의
뜻'을 얻고 실천하면 그 죄는 용서받게 마련이다.

노자가 말하는 도는 '청정무위淸靜無爲'의 도다. 그러기에 사람을 교화하기 위해서 천자가 즉위하고 삼공 즉, 태사太師, 태부太傅, 태보太保를 설치하는데 네 마리 마차가 이끄는 수레에 커다란 벽옥璧玉 같은 보석을 싣고 갔다 바치는 것보다도 가만히 앉아 이 도道에 나아가는 것만 못하다고 하였다. 도는 화려하거나 요란하지 않다. 물론 천자나 삼공이 어진 정치를 실현하도록 이러한 헌상의 예를 올리는 것은 중요한 것이지만, 그것보다도 고요한 청정무위의 도를 지키는 것이 더 중요하다는 것이다. 어지러운 시대일수록 더욱 고요한 정신이 필요하다. 절대적 진리의 세계는 화려한 벽옥처럼 눈에 쉽게 드러나는 것이 아니라, 보이지는 않지만 영원한 생명을 지닌 것이다.

　　변화 속에서도 변화하지 않는 것, 그것을 그리스도교적으로 말하면 영생과 부활이다. 영생이나 부활이 우리의 감각적 경험과는 먼 것으로 느껴지기에 머리로 이해할 수 없는 영역이지만, 믿음 곧 깨달음의 세계에서는 가능하다. 예수가 "나를 믿으면, 죽어도 죽지 않는다."고 한 것도 도를 깨달으면, 상대적 세계에 걸림이 없는 절대의 세계를 본다는 것이다. 또 "나를 본 자는 하나님을 보았다."고 한 것도, 절대 곧 '도'에 나아간다는 뜻이리라. 그래서 도는 천하의 귀한 것이 되고 으뜸이 된다. 문제는 깨달음이다. 각자 자기에게 운명처럼 주어진 존재를 겸허히 내어 놓고 "한 알의 밀알"처럼 죽음에서 생명으로 나아가는 역설의 과정을 고요히 응시하며, 그러나 실존적으로 터득할 일이다. 대내외적으로 요란한 시대, 고요히 무릎을 꿇고 잠시라도 '도'를 생각해 보자.

제 63장

원한은 덕으로 갚고,
큰 일은 작은 일부터

"무위로써 일을 하고 일을 하되 일 없는 듯 하며
맛을 보되 일정한 맛에 미혹되지 않는다.
큰 것은 작은 데서 생기고 많은 것은 적은 데서 생긴다.
원한은 덕으로 보답한다.

어려운 일은 그 쉬운 것에서부터 도모해야 하고
큰 일을 하려면 작은 일에서부터 시작해야 한다.
천하의 어려운 일은 반드시 쉬운 일에서부터 시작되고
천하의 큰 일도 반드시 작은 일에서부터 시작된다.
이 때문에 성인은 끝내 일을 크게 벌이지 않으므로
결국에는 큰 일을 이룰 수 있는 것이다.

대개 쉽게 하는 승낙에는 신의가 적고
너무 안이하게 생각하면 반드시 어려움을 겪게 된다.
이 때문에 성인은 오히려 모든 일을 어렵게 대하므로
결국에는 어려움이 없게 되는 것이다."

爲無爲, 事無事, 味無味. 大小多少, 報怨以德.
圖難於其易, 爲大於其細, 天下難事, 必作於易, 天下大事, 必作於細.
是以聖人終不爲大, 故能成其大.
夫輕諾必寡信, 多易必多難, 是以聖人猶難之, 故終無難矣.

노자의 행동철학을 한 마디로 단정할 수는 없지만, 그래도 말해보자면 '무위이무불위無爲而無不爲'라는 여섯글자로 요약할 수 있다. 인위적으로 하는 일이 없지만 이루지 못하는 일도 없다는 뜻이다. 시종일관 이러한 논리에 따라 노자는 자신의 행동철학을 전개한다. 본문에서 무위無爲, 무사無事, 무미無味라고 하는 것도 같은 논리다. 일을 행함에 있어서 혹은 무슨 일을 맛봄에 있어서 똑 같이 사심邪心 없는 무위의 정신에 입각하여 대하라는 뜻이다. 그렇게 될 때 일을 하는 것 같지 않지만 결국은 큰 일을 행하게 된다는 것이다.

큰 도 따지고 보면, 작은 일을 거쳐야 하는 것이고, 많은 양의 수확도 적은 것에서부터 출발하는 것이다. 그러므로 큰일을 먼저 걱정하지 말고 작은 일부터 성실히 수행하는 것이 중요하다는 평범한 이치다. "일을 하되 일 없는 듯 한다."는 말은 일을 크게 벌여서 문제를 일으키지 않다는 뜻도 있지만, 왕필은 "말하지 않음으로 가르친다以不言爲敎"고도 해석했다. 일리가 있을 듯하다. "맛을 보되 일정한 맛에 미혹되지 않는다"는 것도 "정해진 것이 없는 맛을 참맛으로 안다"고도 해석할 수 있고, 왕필처럼 "담백함으로 맛을 삼는다."고도 볼 수 있을 것이다. 모두가 상통하는 이야기이기 때문이다.

노자는 모든 일의 성과나 그 일이 진행됨에 있어서는 반드시 크고 작은大小 어려움이나 혹은 쉬운難易 일이 있음을 말하면서, 크고 작은 일의 대립과 통일의 문제를 논하고 있다. 예컨대 크고 작은 일이나 어렵고 쉬운 일도 대립적인 관계에 있지 않고, 서로 맞물려 있는 변증법적 통일의 과정을 보여 준다. 큰 일과 작은 일, 혹은 어렵고 쉬운 일의 차이와 대비를 통해서 우리가 가져야 할 행동 원칙을 제시해 주는 것이다. 그 방법을 성인聖人의 예를 들어서 설명한 것으로, 성인은 아무리 어려운 일이라도 혹은 큰 일이라도 모두 쉬운 일로부터, 혹은 작은 일로부터 출발했다는 점을 각인 시켜주고 있다. 예수의 비유를 들자면, "지극히 작은 소자에게 한 것이 곧 나에게 한 것이다."라든가, "목마른 자에게 냉수 한 그릇을 대접한 것이 곧 나에게 한 것이다."라는 표현이다. 더 나아가서 천국을 '겨자씨'와 '누룩'에 비유하면서, 그 작은 것이 어떻게 커져가는가를 말해주고 있다.

결국은 무위자연의 태도로 일을 하고, 담백한 정신으로 일체의 물질적 혹은 정신적 감각을 맛볼 것이며, 작은 것으로 큰 일을 이루며, 적은 것으로 많은 것을 이루면서 은덕으로 원한을 갚는 報怨以德 경지에 이르러야 한다는 것이다. 원한을 덕으로 갚는다는 것은 보통 사람들이 참으로 하기 어려운 일이다. 이것은 바로 예수의 원수사랑 정신과도 직결된다. 노자의 이러한 정신을 공자 또한 〈논어〉에서 계승하고 있다. 원수를 어떻게 대해야 하는 가하는 제자의 질문에 공자는 "이직보원以直報怨"이라 하여 "바르게 함으로써 원한을 갚으라."했다. 공자의 '바름直'과 노자의 '덕德' 그리고 예수의 '사랑愛'이 각각 그 표현은 다르지만 근본적인 의도는 '도道'의 정신에 입각한 것이므로 하나로 통하는 내용이라고 볼 수 있을 것이다. 그럼에도 불구하고 인의仁義의 정신에 입각하여 시비是非를 따지고자 하는 공자의 태도나, 자연의 '그러함'에 따르는 노자의 덕성과 자신의 죽음도 불사하는 예수의 원수사랑 정신은 각각 선명한 차이를 보여 주기도 한다.

성인의 도는 그러하다 하지만 오늘날 세계의 현실은 어떠한가? 수천 년전의 지난 그때나 오늘이나 전쟁은 끊임이 없다. 아프리카 남 수단의 학살, 시리아나 이집트의 계속되는 혈전, 가까이는 북한까지 민족 내부의 모순과 원한은 피의 보복을 계속 부채질 하고 있다. 꼬리를 무는 대립과 원환의 사슬은 오직 용서와 사랑과 관용의 덕으로써 극복할 수 있을 뿐이다. 노자는 또 덧붙인다. 쉽게 하는 승낙에는 믿음이 잘 가지 않고, 매사를 너무 쉽게 생각하면 어려움에 부딪힌다는 것이다. 이것은 우리가 상식적인 수준에서도 잘 알 수 있는 말이다. 하지만 노자의 강조점은 다음에 이어지는 성인의 태도에 있다. 성인은 매사를 어려운 듯 대함으로써 오히려 일을 쉽게 처리한다는 것이다. 이는 매사에 신중한 태도를 취해야 한다는 뜻이다. 진리가 먼 데 있지 않고, 그 실천의 길도 나에게서부터 라면, 천 리 길도 한 걸음부터라는 정신으로 작은 일에도 기쁨과 사랑으로 충실하면서, 오늘 이 신선한 하루를 걷자.

제 64장

무욕의 발길로 천리를 가다

"안정되어야 유지하기 쉽고
징조가 드러나지 않았을 때 도모하기 쉽다.
취약할 때는 분열되기 쉽고 미세할 때는 흐트러뜨리기 쉽다.
그러므로 사태가 아직 발생하기 전에 그것을 처리하고
혼란이 아직 생기기 전에 잘 다스려야 한다.

아름드리 큰 나무도 털끝 같은 싹에서 자라나고
구층이나 되는 높은 누각도 한 삼태기의 흙에서 건축되며
천리의 여행길도 한 걸음 발아래서 시작된다.
인위적으로 일을 하려는 자는 실패하게 되고
집착하여 놓지 않으려는 자는 결국 잃게 된다.

그리하여 성인은 인위적으로
하려 하지 않기 때문에 실패하지 않고
집착하지 않기 때문에 잃지 않는다.
보통 사람들이 하는 것을 보면
언제나 거의 다 이루었다가 실패하게 된다.

처음 시작할 때와 같이 신중하게 마치면
일에 실패가 없을 것이다.
그리하여 성인은 '욕망하지 않기'를 바라고
얻기 어려운 재화를 귀하게 여기지 않으며
'배우되 배움에 빠지지 않기'를 배워
사람들이 간과한 것을 돌이키게 한다.
이로써 만물의 자연스러움을 돕되 억지로 하지 않는다."

其安易持, 其未兆易謀, 其脆易泮, 其微易散, 爲之於未有 治之於未亂.
合抱之木, 生於毫末, 九層之臺, 起於累土,
千里之行, 始於足下, 爲者敗之, 執者失之.
是以聖人無爲故無敗, 無執故無失, 民之從事, 常於幾成而敗之.
愼終如始, 則無敗事, 是以聖人欲不欲,
不貴難得之貨, 學不學, 復衆人之所過,
以輔萬物之自然, 而不敢爲.

사물이나 사건의 모든 국면이 안정되어야 그 모든 상태를 평화
롭게 잘 유지할 수 있는 법이다. 이것은 비단 개인의 사정 뿐 아
니라 사회나 국가적 차원에서도 마찬가지다. 특히 통치자에게는
더 말할 것도 없다. 역사를 돌이켜 보면, 조선시대의 선비들이
당했던 각종 사화士禍나 동학 농민혁명을 전후하여 일어난 임오
군란1882년이나 갑신정변1884년, 청일전쟁1894년과 을미사변1895
년 그리고 러일전쟁1904-5년 이후에 일어난 을사늑약1905년에서
치욕스런 한일합병1910년과 일제의 강점기시대에 이르기까지 숨
가쁜 역사의 소용돌이를 거쳐 왔다. 이 모든 사변事變은 사회적

안정을 이루지 못한 데서 온 혼란이다. 혼란이 생기기 전에 먼저 징조를 알았더라면 큰 화를 당하지 않았을 것이다.

물건도 약하면 깨지거나 부서지기 쉽듯이, 사회나 국가도 구조가 취약해지면 쉽게 붕괴될 수밖에 없는 것이다. 그러므로 유비무환이 중요하다. 숭고한 이상을 실현하기 위해서는 무질서의 혼란 상태를 사전에 대비하는 자세가 중요하다. "혼란이 아직 생기기 전에 잘 다스려야 한다."고 할 때, 잘 '다스린다治'는 말에 주의를 기울일 필요가 있다. '다스린다'는 뜻에는 혼란 중에서 구해낸다는 뜻 외에도 목적과 이상에 맞게 조화롭게 일을 처리한다는 뜻이 있다. 합리적이고 이상적인 방향으로 일을 평화롭게 잘 처리해야 한다는 뜻이다. 문제는 개인이나 국가를 막론하고 전쟁 같은 사태가 발생하기 전에 일을 평화롭게 잘 처리해야 한다는 점이다.

"아름드리 큰 나무도 털끝 같은 싹에서 자라나고, 구층 누각도 한 더미 흙에서 시작되는 것"인 만큼, 작은 것을 무시하고 큰 일을 해낼 수 없다는 논리다. 이 말은 앞장에서도 밝혔던 논리의 연속이다. "천 리 길도 한 걸음부터千里之行, 始於足下"라는 우리 속담도 바로 이 노자의 본문에서 비롯된 것이라고 볼 수 있다. 모두가 작은 일부터 충실하여야 큰 일을 해 낼 수 있다는 말이다. 예수의 비유 중에서 주인이 하인에게 일을 맡기고 먼 길에서 돌아 왔을 때 하인에게 "착하고 충성된 종아. 네가 작은 일에도 충성 하였으니 내가 큰 일을 네게 맡기리라."고 했던 말을 상기하게 하는 말이다.

"위자패지爲者敗之, 집자실지執者失之", 이 말은 노자의 본문 29장에서도 그대로 나왔다. 욕망과 집착을 떠난 개인의 처세나 국가의 통치술이 그만큼 중요하다는 것이다. 곧, 자연스럽지 못한 인위적인 욕망과 집착은 결국 실패로 돌아간다는 중요한 교훈이다. 그러므로 성인은 매사에 무위無爲와 무집착無執으로 일을 처리하기에 실패하거나 잃는 법이 없다. 성인은 또한 일의 시종을 알고 매사에 신중을 기하기 때문에 실패하는 법이 없지만 보통 사람들은 일을 거의 다 완성하고서도 마지막에 종종 실패하는 경우가 많다고 노자는 충고한다. 이는 노자가 1장 본문에서 "언제나 무욕으로써 그 미묘함을 보고常無欲以觀其妙, 욕심을 내되 그 돌아가는 귀결점을 바라보아야 한다常有欲以觀其徼"고 했던 말과도 통하는 이야기다. 이른바 역사의 심판의식이라고도 할 수 있다. 여기서 무욕은 다음 문장에서 이어지는 성인의 '불욕不欲'과도 같은 이야기다. 예컨대 '욕망하지 않음을 욕망한다.'는 것이다.

한걸음 더 나아가서 노자는 '배우지 않기'를 배운다學不學고 했다. 이는 또 무슨 뜻인가? 노자에게서 '배움學'은 '도道'와 관련하여서 생각할 때, 상대적인 이야기다. 노자의 본문 20장에서 "절학무우絕學無憂"라고 하여, "배움을 끊으면 근심이 없다."라고 한 말이나, 48장에서 "배움은 날마다 더하는 것이요 도는 날마다 덜어내는 것이다爲學日益, 爲道日損"이라고 한 말에서 '배움'과 '도'의 상관관계를 잘 말해주고 있다. 그러한 내용이 이곳에서도 계속되고 있는 것이다. 그리하여 날마다 더해가는 '배움의 학문'보다는 날마다 덜어가는 '도의 실천'은 결국 무위에 이르게 하고損之又損, 以至於無爲, 그렇게 됨으로써, '하는 것이 없는 것 같으나 하지 않음도 없어 천하를 얻게 된다無爲而無不爲, 取天下는 것이다. 그렇다고 '배움'을 중단하라는 뜻이 아니라 '배움' 그 자체에 빠지지 말라는 것이며, 어디까지나 '배움'을 넘어선 '도의 실천' 곧 '무위의 행위'를 강조한 것이다. 이른바 '배우되 배움에 빠지지 않는 것을 배운다學不學'는 것이다. 그리하여 끝내 사람들이 놓치고 지나간 것을 돌이켜 그 핵심이 되는 '스스로 그러함' 곧, 무위의 도를 얻도록 도와준다는 것이다.

　본문은 비교적 길게 설명되고 있지만, 크게 두 가지 방향으로 설명이 중첩되고 있다. 하나는 안정과 작은 출발의 중요성을 말하고 있고, 또 하나는 성인의 가르침이 그러하듯이 늘 무욕의 정신으로 도를 실천하라는 뜻이다. 그렇다면 안정은 어디서 오는가? 사회적 국가적 안정도 중요하지만 우선 인간 개개인의 인격적 측면에서부터 안정이 중요하다. 그리하여 석가는 선정禪定 수행을 강조했고, 예수는 기도를 중시했다. 지칠 줄 모르는 활동으로 제자들을 가르치며 숱한 이적과 민중들의 교화에 힘쓰다가도 으슥한 밤이면 한적한 곳으로 나아가서 기도를 게으르지 않았고 특히, 십자가 처형을 앞둔 겟세마네의 기도에서 땀 방물이 피처럼 되었다는 복음서의 진술은 예수의 기도가 얼마나 절실한 것이었는지를 알게 해 준다. 이 아침에도 새로운 역사는 또 밝아왔다. 우리는 무엇을 위해 기도할 것이며, 무엇을 위해 살 것인가? 혼란을 극복하고 평화로운 세상의 도래를 위해, 천 리 길도 한 걸음부터라는 정신을 다시 새기면서 성인들의 가르침을 명상하며 조용히 무릎을 꿇는다.

제 65장

대순^{大順},
곧 하나님의 품 속에 이르는 길

"예부터 도를 잘 실천하는 사람은
백성을 명민하게 하지 않고 어리숙하게 한다고 하였다.
백성을 다스리기 어려운 것은 그 지혜가 많기 때문이다.
그러므로 지모로써 나라를 다스리는 것은 나라를 해치는 것이고
지모로써 나라를 다스리지 않는 것이 나라의 복이 된다.

이 두 가지를 아는 것이 본보기로서의 법식이다.
늘 이러한 법식을 아는 것을 현묘한 덕이라 한다.
현덕은 깊고도 원대하여 사물사건과 상반되지만
결국은 커다란 순리에 따르게 된다."

古之善爲道者, 非以明民, 將以愚之,
民之難治, 以其智多, 故以智治國, 國之賊, 不以智治國, 國之福.
知此兩者亦稽式, 常知稽式, 是謂玄德.
玄德深矣遠矣, 與物反矣, 然後乃至大順.

본장에서도 노자는 백성을 잘 다스리는 지혜에 대해서 말하고 있다. 백성을 잘 다스리기 위해서는 두말할 것도 없이 도에 입각한 통치가 필요한 것인데, 이는 백성으로 하여금 잔꾀를 부려 영악하게 하는 통치가 아니라 오히려 그러한 재주를 버리고 순박하게 하는 정치적 지도력을 말하고 있는 것이다. 본문에서 '비이명민非以明民'이라 하여, 백성을 명민하게 하지 않는다고 했는데, 이때 사용한 '명明'은 밝다는 뜻이지만 여기서는 재리와 사사로운 이익에 밝다는 뜻인 만큼 '영악해 진다'는 뜻으로 푸는 것이 옳다. 또한 '장이우지將以愚之'라 하여, 백성을 어리숙하게 한다고 했는데 이는 노자의 우민정책愚民政策을 말하려는 것이 아니라, 노자가 말하는 '우민愚民'의 참 뜻을 이해하자는 것이다.

이를 테면 약삭빠르고 명민한 태도보다는 오히려 어리숙하고 둔감한 듯 한 순박한 마음을 더욱 중시했다는 것으로 이해해야 한다. 이는 노자가 질박한 통나무樸를 도에 비유했던 것을 보면 알 수 있다. 이러한 노자의 순박한 통치철학은 이미 앞선 58장에서도 나온 바 있다. "정치가 관대하고 어리숙해지면 백성이 순박해지고 넉넉해지지만, 정치가 까다로워지면 백성이 교활해진다"고 했던 것과 상통한 것이다. 지도자가 나라를 다스림에 있어 온갖 수단을 동원하여 규제와 형벌을 강화하는 쪽으로 하는 것 보다는, 어딘지 어리숙해 보이는 것 같지만 관용의 정신으로 대할 때 백성은 어린아이처럼 순박해 진다는 것이다.

백성을 다스리기 어려운民之難治 이유도 영악한 재지가 많기以其智多 때문이라고 했다. 왕필은 이 부분을 해석하기를 "재지才智가 많아서 교묘하게 속이기 때문에 다스리기 어렵다."고 했다. 하상공도 이르기를, "총명과 재지가 넘치는 사람이 나라의 정사를 맡게 되면 반드시 도와 덕을 멀리하고 멋대로 권위와 은혜를 만들 것이니 나라를 해치게 된다."고 하였다. 그러므로 재지로 써 나라를 다스릴 것이 아니라 어디까지나 도로써 다스려야 한 다. 재지나 지모로써 나라를 다스리면 결국은 나라의 도적이 되 지만國之賊, 재지와 지모를 버리고 나라를 다스릴 때 비로소 나라 에 복을 가져오게 된다國之福는 것이다. 이러한 사실을 아는 것이 야말로 다스림의 기본 법칙稽式, 곧 다스림의 본보기를 아는 것 이다. 그리고 이러한 법칙을 아는 것을 일러 현묘한 덕玄德이라 고 한다.

현묘한 덕은 깊고 아득하여 사람들이 사회적 통념을 따라 행하 는 일이나 사물과 견주어 볼 때 서로 상반되는 듯이 보인다. 그 렇지만 결과적으로 볼 때 현덕은 도의 뿌리로 돌아가 커다란 순 리大順에 따르는 것임을 알게 된다. '대순大順' 곧, '커다란 순 리'란 천도를 따르는 것임은 말할 것 없다. 천도를 따르는 것이 란 그리스도교적으로 말하자면 하나님의 뜻을 따르는 일이다. 우리가 천도나 하나님의 뜻을 어찌 알겠는가? 이는 누가 과연 무위와 무욕의 정신으로 현묘한 덕을 지님으로써 천하의 순리를 따르는 모범적인 본보기가 될 수 있겠는가 하는 문제다.

물론 그러한 성인의 예를 들자면 단연 노자를 포함하여 예수 나 석가 공자와 같은 이가 될 것이다. 이들은 모두 한결 같이 천 하의 큰 도리를 따랐던 사람이기 때문이다. 이른바 노자가 말한 '상지계식常知稽式'으로 언제나 하늘의 법칙과 뜻을 알고 실행한 사람들이다. 하늘의 법칙인 도는 아무리 멀고 심원할지라도 결 국은 그 뿌리로 되돌아가는 법이다. 우리에게 그 뿌리가 무엇인 가? 하나님이요 '부처'요 로고스요 '대순'의 도가 아닌가? '대순'은 '자연'大順卽自然也이요 하나님의 품이다. 그렇게 보면 '스스로 그러함'에 돌아가는 것이 대순에 이르는 것이요, 아버지의 품속에 들어가는 것이며, 영원한 우주적 순환의 품속에 안기는 것이다. 오직 무위와 무욕의 날갯짓 속에서.

제 66장

바다가 시내의 왕이 될 수 있는 까닭,
그 겸손과 포용의 미학

"강과 바다가 온갖 골짜기의 왕이 될 수 있는 까닭은
그것이 낮은 곳에 잘 처하기 때문에
온갖 물줄기가 모여드는 골짜기의 왕이 될 수 있다.
그러므로 성인이 백성의 위에 있고자 할 때면
반드시 그들에게 겸손하게 말하고
백성 앞에서 지도하게 될 때는
반드시 자시 자신을 그들보다 뒤에 있게 한다.

그런 까닭에 성인이 윗자리에 있어도 백성은 힘들어 하지 않고
앞에 있어도 백성은 방해가 된다고 느끼지 않는다.
이로써 천하의 모든 사람들이 그를 즐겁게 추대하며 싫어하지 않는다.
그가 다른 사람과 다투지 않기 때문에
천하에 그와 다툴 사람이 없다."

江海所以能爲百谷王者, 以其善下之, 故能爲百谷王.
是以(聖人)欲上民, 必以言下之, 欲先民, 必以身後之.

是以聖人處上而民不重, 處前而民不害, 是以天下樂推而不厭.

以其不爭, 故天下莫能與之爭.

　노자의 철학이 도에 기초한 것이고, 그 도를 실천하는 것이 근본 과제임은 두 말할 필요가 없다. 도의 실천은 인간의 인격과 결부된 덕성의 실현과 밀접한 연관을 지닌다. 『도덕경』 81장 가운데 전반부라고 할 수 있는 37장까지가 주로 도에 관련된 도학의 성격을 지니는 것이라면, 38장 이후부터는 줄곧 덕에 관련된 덕성의 학문이라고 한 것은 이미 앞에서 밝힌 바 있다. 그런데 도에 기초한 덕성의 실현을 강조하는 후반부의 내용은 상당수가 정치 지도자의 필수 덕목으로서의 정치철학에 관한 내용이 많다. 그만큼 한 나라의 흥망성쇠는 임금의 통치술과 깊은 관련이 있기 때문이다.

　한 나라의 살림을 책임지는 임금이 도에 입각한 정치가 아니라 사리사욕에 물든 타락한 정치를 일삼게 되면 결국은 나라와 백성이 곤경을 겪게 되는 법이다. 노자는 당시에 그러한 정치 지도자들의 부정과 부패를 너무나도 많이 보아 왔기에 지도자의 자질에 대해 신랄하게 비판하면서, 성인의 통치술은 어떠한가를 비유적으로 잘 보여주고 있다. 그래서 본 장에서도 노자는 앞선 65장에서 말한 다스림의 '법식'에 대해 더욱 구체적으로 비유를 들어 상술하고 있다. 예컨대 강이나 바다가 어찌하여 작은 골짜기들의 왕이 될 수 있는가를 말해주고 있는 것이다. 그것은 다름 아닌 낮은 자세와 포용의 정신이다. 그러므로 성인 같은 통치는 오직 겸손과 포용의 자세에서만이 가능하다는 것이다.

　이미 이러한 '겸손과 다투지 않는不爭의 물' 같은 사고는 노자가 앞선 8장과 22장에서도 비유를 들어 설명한 바 있다. 8장에서 '상선약수上善若水'를 말 하면서, 가장 훌륭한 것을 물에 비유하여 낮은 곳으로 흘러 만물을 이롭게 하면서도 다투지 않는 겸손의 미학을 말한 바 있다. 22장에서는 도를 지닌 사람은 교만하지 않고, 다투지 않음으로써 아무도 그와 다툴 사람이 없다夫唯不爭, 故天下莫能與之爭고 했다. 노자는 이처럼 물을 비유로 들어 인간의 처세나 정치가 어떠해야 하는지를 간접적으로 잘 말해주고 있는 것이다. 이는 노자의 형이상학적 도의 개념이 인생론에 비유되고 더 나아가서 구체적인 정치철학의 방편으로 응용되고 있는 것을 보여 주는 것이다.

강과 바다는 온갖 계곡의 물이 모여드는 곳이고, 성인은 온 천하 사람들의 마음이 향하는 곳이다. 그러한 이유가 무엇일까? 두말할 것도 없이 겸허와 관용이다. 본문이 말하듯이 겸손한 말로 남에게 대한다는 것以言下之도 쉬운 일이 아니지만, 겸손한 행동이야 더 말할 필요가 없을 것이다. 사실 지도자를 두고 백성들이 부담스럽거나 귀찮게 여기지 않는 것民不重도 쉽지 않은 일인데, 하물며 더 없는 포용력과 관용을 지닌다면 백성들은 즐겁게 그를 추대하지 않을 수 없을 것이다樂推不厭. 참으로 바람직하고 이상적인 국가의 모습이다.

예수에게서 겸손과 관용의 정신을 생각해 보면, 예수가 제자들에게 엎드려 발을 씻기는 장면과 "일흔 번의 일곱 번이라도 용서하라"던 말이 생각난다. 더 나아가 십자가에 달려 죽기 직전에도, "아버지여 저들의 죄를 용서하여 주시옵소서. 저들이 하는 짓을 모르옵나이다."라고 했던 말이 떠오른다. 나는 얼마나 겸손하고 관용적인가를 생각하면 부끄러워질 뿐이다. 다투지 않는 '부쟁不爭'과 물같이 흐르는 '겸손', 그리고 저 낮은 곳에 처한 바다와 같은 포용력을 배우며 실천하고 싶다.

제 67장

노자가 아낀 세 가지 보물

"천하 사람들이 모두 나의 도가 커서
어떤 것과도 같지 않다고 한다.
아주 크기 때문에 어떤 것과도 다르게 보이는 것이다.
만약 똑 같다면 오래전에 그것은 별것 아닌 것이 되고 말았을 것이다.

나에게는 세 가지 보물이 있으니 그것을 보존하고 있다.
첫째는 자애로움이요, 둘째는 검소함이며,
셋째는 감히 천하보다 앞서려고 하지 않는 것이다.

자애롭기에 능히 용감할 수 있고,
검소하기에 능히 광대해 질 수 있으며,
감히 천하보다 앞서려고 하지 않음으로써
능히 우두머리로서의 그릇이 될 수 있다.

이제 자애로움을 버리고 용감하기만 하려거나
검소함을 버리고 광대해지기만을 바라며
뒤로 물러날 줄은 모르고 앞서기만 바란다면 죽음에 이를 것이다.

대저 자애로움으로써 전쟁에 임하면 승리할 것이요
자애로움으로 지키면 견고해질 것이다.
하늘이 장차 그를 구원해 주는 데에는
자애로움으로써 그를 보우해 주는 것이다."

天下皆謂我:"道大, 似不肖". 夫唯大, 故似不肖. 若肖, 久矣其細也夫.
我有三寶, 持而保之. 一曰慈, 二曰儉, 三曰不敢爲天下先.
慈故能勇, 儉故能廣, 不敢爲天下先, 故能成器長.
今舍慈且勇, 舍儉且廣, 舍後且先, 死矣.
夫慈以戰則勝, 以守則固, 天將救之, 以慈衛之.

우리는 여기서도 도의 위대성을 본다. 노자가 늘 말하는 이 도
는 보통의 상식적인 수준의 이해를 넘어서는 도이기에 세상 사
람들도 그 도가 위대하여 그 어떤 다른 것에 비길 수 없음을 말
하고 있다. 그러면서도 그렇게 크다고 하는 도에 대해 노자는 3
가지 보물로 비유하여 설명하고 있다. 바로 그 유명한 노자의 세
가지 보물三寶이다. 그것은 다름 아닌 자비와 검소와 겸손이다.
노자는 모든 장에 걸쳐 논의하고 있는 도와 덕의 핵심을 이렇게
3가지 보물로 요약하고 있다고 해도 과언이 아니다.
자비로운 마음이 있기에 용감해질 수 있고, 검소하기에 널리
베풀고 광대해질 수 있으며, 감히 천하에 앞서려고 하지 않기 때
문에 그 겸양으로 인해 지도자로서 추앙을 받게 된다는 원리다.
만일 그렇지 않고 자비롭지도 못하면서 용기만 내세운다거나,
검약함이 없이 광대히 베풀기만 하고, 겸손함이 없이 나대기만
해서야 이내 죽음을 면치 못할 것이라는 것이다. 그런 까닭에 전

쟁에 나간다 해도 자비의 원칙을 지키면 승리할 것이고, 하늘 또한 그를 자비로써 보호해 준다는 것이 노자의 기본 입장이다.

노자의 '삼보三寶'는 도가의 기본적 실천 강령이라 해도 좋겠다. 유가儒家에서도 삼강오륜 같은 실천 강령이 있어왔지만, 사랑자비/자애과 검소와 겸손 이 세 가지로도 충분히 다른 덕목을 요약하고도 남음이 있다. 불가佛家에서 삼보는 '불佛−법法−승僧'의 삼위일체로 규정한다. 이는 깨달음과 진리와 그 실천이라는 차원에서 이해할 수도 있다. 불교의 실천에서는 물론 보시布施, 지계持戒 등과 같은 육바라밀六波羅蜜이 있지만, 이 또한 삼보의 실천 원리와 다름 아니다. 도를 지니고 실천하는 원리는 인간의 윤리적 덕목에서 크게 다르지 않은데, 무욕의 정신에 입각한 불가나 도가의 정신은 더욱 일치하는 바가 많은 편이다.

그런 점은 물론 그리스도교에서도 마찬가지다. 예수 정신이 또한 무욕에 입각한 아가페 사랑의 정신임은 두 말할 것도 없기 때문이다. 노자가 말하는 사랑과 검소와 겸손이야말로 예수의 그것과 대동소이하다. 예수의 검소함은 그와 그 제자들의 탁발 전도자의 모습에서 잘 드러난다. 두벌 옷을 가지지 않고 복음을 전했던 방랑 전도자의 모습은 그들 공동체의 철저한 검약 생활을 너무도 여실히 잘 보어 주는 대목이다. 또한 사랑이라는 부분에서는 노자보다 예수가 더욱 철저하고 구체적인지도 모른다. 그리스도교를 사랑의 종교라고 말하는 점도 원수 사랑이라는 실천적 원리를 중심으로 하고 있기 때문이다. 하지만 역사적 예수는 죽음으로써 그것을 실천 했다면 노자는 무위로써 실천했다는 점에서 차이가 있다. 무위와 아가페를 어떻게 비교 할 것인가 하는 문제는 또 하나의 다른 차원이다.

아무튼 노자가 말하고 있듯이, 사랑 없는 용기는 죽음에 이르게 한다. 반면에 사랑을 기초로 한 용기는 죽음을 극복하고 전쟁마저도 승리로 이끈다고 했다. 피할 수 없는 전쟁이라 할지라도 사랑에 기초한 전쟁은 승리를 가져 올 뿐만 아니라, 일부러 전쟁을 일으켜 무고한 사람을 죽이지도 않는다. 검약할 줄 모르거나 겸손 할 줄 모르는 것두 죽음에 이르는 병이기는 마찬가지다. 반면에 공자는 군자의 도道를 3가지로 말하면서, 사랑仁과 지혜知 그리고 용기를 들었다. 그가 인자불우仁者不憂, 지자불혹知者不惑, 용자불구勇者不懼라 함은 근심하지 않고, 미혹되지 않으며, 두려워하지 않는 3가지 도리를 말한 것이다.

공자는 사랑/근심, 지혜/유혹, 용기/두려움을 각각 구별하여 설명했지만, 노자는 이와 조금 다른 각도에서 사랑은 용기를, 검소는 베풂을, 겸손은 우두머리가 되게 함을 가능케 하는 원동력으로 말하고 있다. 성서의 요한도 "사랑에는 두려움이 없다."고 한 것을 보면, 사랑과 용기 그리고 검소와 겸손의 미덕은 아무리 강조해도 지나침이 없을 것 같다. 이로써 우리는 공자나 노자나 예수 모두가 사랑을 제일의 미덕으로 손꼽는다는 점을 다시 확인 하게 되고, 그 사랑이라는 보물이 인간을 구원하는 원천이 되는 것임도 알게 된다.

제 68장

다투지 않고
'하늘의 뜻을 따르는^{配天}' 덕

"훌륭한 무사는 무력을 쓰지 않고
잘 싸우는 사람은 노하지 않는다.
적을 잘 이기는 사람은 적과 싸우지 않고
남을 잘 쓰는 사람은 남의 아래에 처한다.

이것을 싸우지 않는 덕이라 하고
사람을 잘 활용하는 능력이라 하는데
이것은 예부터 하늘의 도리에 가장 잘 부합하는 지극한 준칙이다."

善爲士者不武, 善戰者不怒, 善勝敵者不與, 善用人者爲之下.
是謂不爭之德, 是謂用人之力, 是謂配天古之極.

노자는 전쟁과 같은 군사적인 문제에 있어서도 하늘의 이치인
도道에 입각한 행동이 필요하다고 역설한다. 그러한 가장 좋은
방법은 전쟁을 일으키지 않고도 승리하는 것이다. 노자는 여기

서 다투지 않고도 승리하는 하늘의 이치를 말하고 있다. 이점은 앞장에서 말한 내용을 계승하고 있는 것이다. 예컨대 전쟁에 임하더라도 자비로써 임하면 승리할 수 있다는 것이다夫慈以戰則勝. 또한 훌륭한 무사는 함부로 힘을 자랑하면서 과시하지 않고, 정말 싸움을 잘하는 사람은 오히려 노한 기색을 드러내지 않는다고 한다. 그러기에 그러한 사람은 적을 대하는 태도에 있어서 섣불리 다투려 하지 않고 자비로운 원칙을 고수하며以守則固, 끝내 승리를 이룬다고 말한다. 무력을 과시하거나 다투기를 좋아하는 태도는 진정한 승리자의 덕목이 아니라는 것이다.

오늘날 한미연합 군사훈련이라든가 북한의 무력시위 그 어느 것도 한반도 긴장 완화에 도움을 줄 수 있는 것이 아니다. 오직 상호간에 자비의 원칙을 지키는 것이 중요하다. 핵무기 개발의 중단도 중요하고, 상호 비방금지도 중요하며, 남북한 이산가족 상봉도 중요하다. 이 모든 산적한 문제를 풀어가는 핵심이 예부터 변함없는 하늘의 도리로서 자비를 궁극적 준칙으로 삼아야 한다는 것이다. 노자가 지적하고 있듯이 강압적인 무력보다는 유연하고 겸허한 자세가 개인은 물론 나라를 살리는 일이라는 것을 기억할 필요가 있다. 전쟁과 같이 부득이하게 무력을 사용할 경우라 하더라도 도에 입각한 자비의 행동은 반드시 필요한 것이다.

노자가 늘 강조하는 "다투지 않는 덕不爭之德"은 "상선약수上善若水"의 경우에서와도 같이 늘 남을 이롭게 하되 다투지 않는 지혜를 보여주는 것이거니와 그것은 또한 무위無爲의 법칙이기도 하다. 노자는 또한 겸손한 행동을 통해 오히려 높은 자리에 처하는 비결도 여기서 말하고 있다. 그것 또한 물과 같은 도의 준칙이다. 물과 같이 낮게 처하는 자세로 남을 존중하게 되면 결국은 사람도 잘 부릴 수 있게 되어 목적하는 바를 달성할 수 있다는 것이다. 이는 다투지 않고도 남의 능력을 십분 활용할 줄 아는 처세의 지혜를 말하는 것이기도 하지만, 기본적으로 '다투지 않는 덕'의 위대함을 보여주는 것이다. 이것이야말로 예부터 전해오는 하늘의 이치라는 것을 노자는 힘주어 말하고 있다.

로마가 무력의 힘으로 한때 서양세계를 지배했지만 예수는 서양의 정신사를 지금도 지배하고 있다. 그것은 비폭력 사랑의 힘이었다. 그러한 뜻이 근현대에 이르러 톨스토이나 간디, 그리고 마르틴 루터 킹 주니어 목사와 같은 평화적 인권해방의 선구자들에게 잘 전달되었던 것이다. 노자가 무위의 정치에 입각한 이상주의적 국가를 꿈꾸었다면, 예수는 사랑의 원리에 입각한 천국을 꿈꾸었을 것이다. 노자는 물론 군대를 상서롭지 못한 것으로 파악하고 있다夫兵者, 不祥之器 31장. 그러므로 전쟁을 찬미할 이유가 없다. 다만 부득이한 경우를 말한 것인데, 그것도 자비의 원칙에 입각한 무위의 도로써 임해야 한다는 것일 뿐이다.

싸울 줄 몰라서가 아니라 싸우지 않고 이기는 덕의 기술, 그것이야말로 이 혼돈의 시대에 가장 중요한 덕목이 아닐까? 다시금 노자가 제시한 네 가지 하늘의 준칙인 '무력을 행사하지 않음不武', '분노하지 않음不怒', '더불어 다투지 않음不與', '사람을 선용함用人'에 대하여 깊이 묵상해 볼 필요가 있겠다. 무력과 분노와 투쟁, 그리고 이로 인한 피흘림은 인간의 역사 이래 끊임없이 이어져왔다. 이상국가나 천국이 도래하지 않고서는 이러한 전쟁의 역사를 멈추게 할 수는 없지만, 통치자나 지도자의 처신에 따라 희생자는 줄일 수 있다. '부쟁不爭'으로 덕을 삼고 겸손과 자비로 사람을 대한다면, 예수의 기도에서도 볼 수 있듯이 '하늘의 뜻에 부합配天' 하는 평화가 임할 것이기 때문이다.

제 69장

반전反戰 평화사상, 그 자비의 병법

병법에는 이런 말이 있다.
"나는 감히 싸움을 거는 사람이 되지 않고 다만 대응하는 자가 되며
나는 한 치라도 공격해 나가지 않고 한 자를 후퇴한다."
이것을 일러 '행군을 하려 해도 진영이 없으며
팔소매를 걷어붙이려 해도 겨룰만한 팔뚝이 없으며
잡으려 해도 병기가 없고
잡아채려고 해도 적이 없다'고 하는 것이다.
적을 경시하는 것보다 더 큰 화는 없으니
적을 경시하다가는 나의 보배를 잃게 될 것이다.
그러므로 병사가 무기를 들고 비슷하게 맞싸울 때에는
전쟁을 슬프게 여기는 자가 이기게 마련이다.

用兵有言, 吾不敢爲主而爲客, 不敢進寸而退尺.
是謂行無行, 攘無臂, 執無兵, 扔無敵.
禍莫大於輕敵, 輕敵幾喪吾寶, 故抗兵相加, 哀者勝矣.

노자는 군사적 방면에서도 '도道'의 원칙을 제시한다. 노자가 살던 시대가 춘추전국春秋戰國시대였던 만큼, 전쟁이 그칠 날이 없었던 것을 생각하면 인간의 근본을 생각하던 노자가 전쟁에 임하는 자세를 언급하지 않을 수 없었던 것이다. 전쟁에 임하는 자세에 대해 그가 말하고자 하는 기본적인 방침은 싸우지 않는 것이 최상의 덕이며, 부득이 싸움에 임한다 할지라도 전쟁을 슬퍼하며哀 자비심慈을 가지고 대해야 한다는 것이다. 이것이 바로 본문에서 말하는 바로서 "한 치도 앞으로 진격하지 않고 오히려 한 자나 물러나야 한다."는 정신이다. 사람이나 국가를 막론하고 감히 싸움을 걸고 나서는 주체主가 되지 말고, 부득이 하게 맞서되 물러설 줄 아는 객客이 되어야 세상은 평화로워질 것이다.

이미 노자는 31장에서도 그의 반전사상反戰思想을 피력한 바 있다. 예컨대 "병기란 상서롭지 못한 것이어서兵者, 不祥之器, 군자의 기물이 아니다非君子之器"라고 했던 것이다. 그러면서도 전쟁이란 부득이 할 때만이 가능한 것이라 했지만 이기더라도 아름답지 못하다고 했다. 적이 침투해 왔을 때 방어전으로서 임할 수 있을 뿐이지 먼저 공격을 가해서는 안 된다는 것이고, 싸워서 얻어낸 승리도 아름다운 것은 못 된다는 것이다. 그럼에도 불구하고 전쟁을 즐기는 자가 있으니, 그는 곧 살인을 즐기는 자是樂殺人라고 일갈했다.

전쟁에 임하지만 한 걸음 물러서는 자세, 이것이 바로 '도'의 군사적 적용으로서 선공격의 자세가 아니라 방어적 태도를 잘 말해 주는 것이다. 예수가 말하듯이 오른 뺨을 치거든 왼 뺨을 돌려 댈지언정, 자신이 먼저 남을 공격하지 말아야 하는 관용과 사랑의 정신이 군사적 실무에서도 필요하다는 것이다. 이것은 군사적인 면에서만 적용되는 것이 아니라, 일상생활에서도 마찬가지다. 무언가 트집을 잡아서 다투기를 좋아 하는 사람이 될 것이 아니라, 화해와 평화를 이루는 자애로운 사람이 되어야 함을 말하고 있다고도 볼 수 있다.

위의 본문에서 '행군을 하려해도 진영이 없다行無行'는 것은 '행行'이 군대의 진영을 뜻하기 때문이다. 그러므로 '진을 쳐서 싸우려고 하나行 펼쳐진 진이 없다無行'고 해석할 수 있다. 이는 상대 진영이 그만큼 후퇴의 전술을 사용하기 때문이다. 노자의 겸허와 자비의 정신을 군대의 진영에도 적용하고 있는 것이다. 마찬가지 논리로 팔소매를 걷어붙이고 한 바탕 싸움을 걸어가지만, 상대는 뒤로 물러서기에 대적할 만한 팔뚝이 없고攘無臂, 잡으려 해도 병기가 보이지 않고執無兵, 적을 잡아채려 해도 적이 없다扔無敵는 것이다. 약한 것 같지만 신출귀몰한 노자의 겸허와 자비의 병법이라 해도 좋을 것이다.

어느 전쟁이든 마찬가지지만 적을 경시했다가는 큰 화를 당하게 마련이다. 적을 경시하면 자신이 지닌 소중한 보배를 잃게 된다고 했다. 소중한 보배는 노자가 앞에서 언급한 삼보三寶를 뜻하기도 한다. 자애慈와 검소儉와 감히 앞서지 않는 것이다不敢爲天下先. 노자 스스로 언급하듯이 자신이 소중하게 여기는 삼보, 이것은 오직 자애와 검소, 그리고 물러설 줄 아는 겸허한 자만이 누릴 수 있는, 그리고 최후의 승자가 간직할 수 있는 것으로 전쟁이나 일삼는 비굴한 자의 것이 아니기 때문이다. 그러므로 어쩔 수 없이 비슷한 상대가 서로 전쟁에 임하더라도抗兵相加, 전쟁을 슬퍼하며 애통히 여기는 자가 승리한다哀者勝矣고 하는 것이다.

노자가 말하는 군사적 전쟁도 문제지만 오늘날 우리는 무기만들지 않았을 뿐 전쟁 같은 삶을 살고 있다. 아니, 21세기의 문명시대에 들어서도 시리아와 이집트 및 아프리카, 동남아시아 할것 없이 여러 나라가 이미 내전에 시달리고 있다. 끝없이 이어지는 전쟁 같은 삶 속에서 우리는 늘 평화를 꿈꾼다. 하지만 여전히 평화는 거리가 멀어 보인다. 모처럼 오랜만에 남북한 이산가족의 눈물어린 상봉이 있었다. 그러나 그 직후 한국에서는 예정된 키 리졸브 한미 군사 합동훈련이 있었다. 유사시에 대한 방어적 훈련이고 남북한의 군사적 대치 상황에서 필요한 것이라고하지만 노자의 교훈처럼 한걸음 물러서는 후퇴의 정신도 필요하다. 남북이 군사적 대결에서 서로가 한 걸음씩 양보하여 날카로운 전쟁 병기를 평화의 괭이나 호미로 바꾸는 지혜가 필요하다. 전쟁을 좋아하는 나라치고 역사의 심판을 받지 않는 나라가 어디 있으랴.

　전쟁을 싫어하고 평화를 사랑하는 나라가 강한 나라다. 물러섬으로써 나아갈 줄 아는 노자의 지혜를 배우자. 노자도 물론이지만 예수 또한 반전 평화주의자였다. 로마의 폭력 앞에 맨손으로, 사랑으로 저항하다가 처형을 당했지만 그의 평화주의는 오히려로마를 정복했다. 노자가 전쟁을 두고 슬픔哀과 자애慈와 부드러움柔의 처세철학을 보였다면, 예수 또한 산상수훈에서 보여주듯이 긍휼히 여길 것과 사랑과 온유의 법으로 일생을 관철했다. 사랑과 평화의 법이 증오와 전쟁의 법을 이긴다는 것을 알았기 때문일 것이다. 반전 평화사상, 그 자비의 병법을 말이다.

제 70장

'피갈회옥'과 나사렛 예수

"내 말은 알아듣기 아주 쉽고 행하기도 아주 쉬운데
천하 사람들은 알아듣지도 못하고 행하지도 못하는 구나.
말에는 근본 종지가 있고 일에는 중심이 있는데
오직 모르기 때문에 나를 이해하지 못하는 것이다.

나를 이해하는 자가 드물고 그럴수록 나는 귀해진다.
그러므로 성인은 겉으로 베옷을 입고 있지만
안으로는 보배로운 옥을 품고 있다."

吾言甚易知, 甚易行, 天下莫能知, 莫能行.
言有宗, 事有君, 夫唯無知, 是以不我知.
知我者希, 則我者貴, 是以聖人被褐懷玉.

사실 노자의 말은 따지고 보면 어려운 것이 아니다. 노자의 본
문이 때로는 말로는 형용할 수 없는 도의 우주론적 법칙 같은 형
이상학적 측면을 말하고 있기는 하나, 따지고 보면 무위자연의

법칙으로서 물과 같이 자연스럽게 혹은 겸허하게 살라는 소박한 충고로서 충분히 이해할 수 있는 내용이기도 하다. 예컨대 천도天道에 부합하고 자연에 순응 하는 것으로서의 '무위無爲'와 '부쟁不爭'의 원리를 말했던 것이다. 그런데 무위에 입각한 노자의 삶의 방식을 사람들은 알아듣지 못하고 행하지도 않는다고 노자는 한탄스러운 조로 말한다. 노자 또한 자신의 생각을 세상 사람들이 이해해주고 그러한 무위자연의 정신을 실천하며 살기를 원했지만 현실이 그렇지 못함을 안타까이 여긴 것이라 볼 수 있다.

노자가 말하고자 하는 근본 종지宗旨는 언제나 소박한 통나무와 같이, 혹은 영아나 어린아이 같이 유순하고, 텅 빈 계곡처럼 고요하며 아무 하는 일 없는 것 같지만 스스로 그러한 원리를 따라 사는 삶이거늘 사람들은 한 결 같이 명리名利만을 추구하거나 화려한 외모나 형식에 더욱 치중을 하고 있다고 한탄하는 것이다. 어쩌면 이렇게 '비고 고요한 마음虛靜'으로 천도와 자연에 부응하는 간단한 삶의 원리인데도 불구하고, 세상 사람들이 알아듣지 못하니 노자는 그것을 비유하여 "성인은 거친 베옷을 입고 있지만 속으로는 보배를 품고 산다."고 한 것이다. 그야말로 '피갈회옥被褐懷玉'이다.

노자는 자신의 사상적 꿈이 세상에 적용되기를 바랐지만 현실은 그렇지 못했다. 예수 또한 하나님의 뜻이 이 땅에 실현되기를 바랐지만 현실은 거리가 멀었다. 여전히 현실은 피나는 전쟁의 연속이고, 비정한 권력의 암투가 횡행하며 밝은 정치를 기대하기 어렵게 만들고 있다. 공자 또한 자신의 어진 정치의 실현을 위해 천하를 주유하였지만 그의 숭고한 뜻은 대부분 거절되고 말았다. 하지만 역사는 이들 몇 안 되는 성인들의 교훈에 더 큰 무게를 두고 귀를 기울이게 한다. 그것은 이들에게 한 결 같이 '피갈회옥'의 정신이 있었기 때문이리라.

본문에서 노자는 '나我'를 이해하는 자 드물다고 했는데, 사실 이때의 '나'는 '도'를 인격화 시켜서 하는 말이나 다름없다. 노자 자신은 실제로 자신을 알아주는 것에 대해 미련이 있었던 것이 아니라, 자신의 사상이 실천되기를 바라는 마음뿐이었던 것이다. 그러므로 '나를 이해하는 자가 드물다'는 것은 '도를 이해하는 자가 드물다'는 뜻이다. 노자는 스스로 생각하기에 '자신의 말은 알아듣기 쉽고 행하기도 쉽다'고 했는데, 예수는 어떤가? 예수는 이렇게 말했다. "나는 온유하고 겸손하니 나의 멍에를 메고 내게서 배우라. 나의 멍에는 쉽고도 가볍다." 예수 또한 쉽고도 가벼운 인생길을 제시 했건만, 많은 사람들은 명리를 좇아 넓은 길로만 갔고 끝내는 그를 죽였다.

나사렛이라는 시골에서 목수의 아들로 태어난 예수는 남들이 보기에 별 볼일 없는 천한 신분인 것 같았지만, 그는 가슴 속에 하나님을 품고 있었다. 그야말로 남들이 당시에 꿈꾸기 힘들었던 하나님의 나라를 가슴 속에 일찌감치 간직하고 있었던 것이다. 예수는 보기에 천한 겉옷을 입었을 지라도 내면에는 가장 귀중한 보물을 간직하고 있었던 셈이다. 그리고 그는 '화광동진和光同塵'이라는 노자의 말처럼, 먼지와 같이 미약한 세속의 사람들과 함께 했지만 그 속에는 하나님이 있었던 것이다. 그래서 사람을 외모로 판단하지 말라고 했던가? "겉으로 거친 '베옷'을 입었지만 안으로 옥을 품은" 노자나 예수, 모두가 오늘날 우리의 삶이 어떠해야 하는지를 잘 보여주고 있다.

제 71장

'모른다는 것을 안다'는 진실

"모른다는 것을 아는 것
(혹은 알면서도 잘 모른다 하는 것)이 으뜸이요
모르면서도 안다고 생각하는 것이 병이다.
오직 병을 병으로 여김으로써 병통은 없어진다.
성인이게 병통이 없는 것은
병을 병으로 여기기 때문에 병통이 없는 것이다."

知不知上. 不知知病.
夫唯病病, 是以不病.
聖人不病, 以其病病, 是以不病.

알고 모름에서 오는 인간의 태도에 대해 노자는 말하고 있다. 우리가 안다고 할 때 과연 무엇을 얼마나 정확하게 알 수 있는 것인가? 세상을 살다보면 아는 것보다는 모르는 것이 더 많은 것이 사실이고, 안다고 했을 때 그 앎의 정도도 사람마다 차이가 있다. 동일한 사물, 사건을 두고 보는 이의 지식이나 인식의 편차에 따라 해석의 방향이 달라질 수 있다. 하나의 산을 바라 볼 때도 마찬가지다. 보는 시각에 따라 달라질 수밖에 없다. 사물의 진상을 제대로 파악하지 못한 상태에서 절반이나 혹은 일부분만 이해하고도 안다고 말할 수 있을까? 노자는 그래서 "모른다는 것을 아는 것이 으뜸이다知不知上."고 했다. 한편 이 말은 문법상 또 다르게 해석할 수도 있는데, "알면서도 잘 모른다 하는 것이 으뜸이다."는 것이다. 이것은 절대적 지혜에 대한 상대적 앎의 한계를 말해주는 일종의 노자다운 겸손한 이해의 방법이다. 하물며 모르면서도 아는 체한다면 그것은 '병病'이라는 것이다.

공자도 "아는 것을 안다고 하고, 모르는 것을 모른다고 하는 것이 아는 것이다."고 했고, 예수도 "예는 예, 아닌 것은 아니라고 하라." 했다. "이것에서 지나친 것은 악으로 기인한 것이다."라고까지 했다. 시시비비의 정확한 판단을 내리기란 쉽지 않다. 옳고 그름의 판단 기준이 다양하거니와 문제를 이해하는 데 있어서 인간의 인식에는 근원적 한계가 있기 마련이기 때문이다. 인간 인식의 한계와 불완전성에 대해 서양 최초로 문제제기를 한 사람이 소크라테스였다. 그는 젊은이들을 타락시키고 나라가 인정하는 신들을 인정하지 않고 새로운 다른 신들을 불러 온다는 죄목으로 사형선고를 받고 독배를 마셨다. 이러한 소크라테스의 제자로서 스승의 죽음을 목격한 플라톤을 통해 우리는 소크라테스의 위대성을 알게 된다. 독배를 마시면서까지 진리와 정의 그리고 지혜를 추구했던 소크라테스는 앎과 무지에 대해 남달리 예민한 철학자였다. 그에게서 앎은 해방이요 무지는 죽음이었다.

사람들은 무지하기 때문에 사람을 죽인다. 살고 죽는 문제가 바로 알고 모르는 차이였던 것이다. 소크라테스가 위대했던 점은 바로 자신이 "모르고 있다는 것을 안다無知의 知"는 점이었다. 그래서 그는 그러한 무지 속에 있는 "너 자신을 알라"고 했으리라. 그런 점에서 소크라테스와 노자는 통한다. 아는 것과 행하는 것이 일치가 되지 않을 때가 많다. 그렇지만 잘 따지고 보면, 잘못 행하는 것은 어쩌면 정말 잘 모르고 있기 때문일 수도 있다. 그래서 왕양명이 말하는 '지행합일知行合一' 사상도 큰 울림이 된다. 실존 철학자 키에르케고르가 죽음에 이르는 병은 절망인데, "절망할 줄 모르는 것이야말로 절망"이라고 했던 역설이 있듯이 자신의 무지를 모르는 것이야말로 죽음에 이르는 절망이 아닌가 싶다.

소크라테스가 '무지의 지'와 정의의 철학을 고집한 이유나 노자가 '무지의 철학'을 내세우는 이유도 모두 무명을 벗어나야 한다는 진리의 외침이었다. 소크라테스는 아테네 법정에서, 예수는 빌라도의 법정에서 무지와 죽임에 진리로써 항변했다. 그들은 모두 무지의 죽음을 수용하고 진리의 부활을 예고한 셈이다. 소크라테스나 예수가 모두 진리의 철학을 고수하면서 죽음으로써 항변한 것은, 그들이 스스로 인식하고 부여받았던 '진리에의 열정과 사명감'이 노자가 구구절절 깨달음의 지혜의 철학을 설파한 것과 조금의 차이도 없다. 어쩌면 이들은 모두 시대적 불의와 무지에 대해 '하늘天'에서 부여한 신적 소명의식이 있었았지도 모른다. 물론 노자는 하늘에 인격성을 부여하지 않는다고 할지라도 말이다.

성인이 병통이 없는 것은 병을 병으로 알기 때문이라 했듯이, 우리도 자신의 무지와 부족함을 깨닫고 난치병의 하나인 '앎의 장애智障'를 잘 극복해야 할 것이다. 해가 지고 어둠이 내리면 사물을 분간할 수 없듯이, 맑은 마음이 흐려지고 욕망에 사로잡히면 '하나님의 얼굴'을 볼 수 없는 것과 같다. 예수는 "마음이 맑은 자는 하나님을 볼 수 있다."고 했지 않던가? 하나님의 얼굴이 무엇인가? 무지를 걷어낸 다음 얻어지는 광명이 아닐까? 그래서 성인들은 해와 같이 밝은 광명의 길을 걸었으리라. 예수도 공자도 석가도 소크라테스도. 모름지기 모름을 인정 할 때 겸손해지고, 빈 마음으로 '모름을 모름으로 숙고 할 때以其病病' 병통은 없어지고 어느덧 속박에서 벗어나는 해방의 앎이 오지 않을까?

제 72장

'스스로 드러내지 않는'
겸손과 관용의 통치

"백성들이 위압을 두려워하지 않으면
결국에는 큰 위압이 생길 것이다.
백성들의 거처를 핍박하지 말고
그들의 삶을 압박하지 말라.

오로지 압박 하지 않으면 백성들도 싫어하지 않을 것이다.
이런 까닭에 성인은 스스로 알지만 스스로 드러내지 않고
스스로 아끼지만 스스로 귀하게 여기지 않는다.
그러므로 저것을 버리고 이것을 취한다."

民不畏威, 則大威至. 無狎其所居, 無厭其所生.
夫唯不厭, 是以不厭, 是以聖人自知不自見, 自愛不自貴, 故去彼取此.

백성들이 통치자의 위압을 두려워하지 않게 될 정도로 사태가

험난하게 진전되면, 결국에는 큰 재난으로서의 위압이 닥치게 될 것이라는 노자의 통치자에 대한 경고다. 당시의 가혹한 정치 현실에 대해 백성들은 이미 더 이상 희망을 가질 수 없을 만큼 절망스러운 상태에 있었다. 어차피 죽을 만큼 위험한 상황에 도래하게 되면 백성들은 통치자의 위압에도 두려워하지 않고 죽음을 무릅 쓰고 저항하게 마련이다. 이렇게 되면 나라에 큰 혼란이 임하게 되리라는 것이다. 이는 비단 중국의 춘추전국시대와 같은 고대사뿐만 아니라 오늘날에 이르기까지도 세계 곳곳에서 농민 반란이라든가 민주혁명의 피 흘림의 역사가 잘 증명해 주고 있다.

한국 근세사에서는 갑오 동학농민혁명을 필두로 강점기에 3·1 운동, 그 후 4·19혁명과 5·18광주시민혁명, 6·10민주화혁명 등이 이를 잘 입증해 주는 사례다. 이는 모두 정부와 정치 지도자들의 부당한 탄압에 대한 백성들의 항거였던 것이다. 백성에 대한 폭정과 핍박은 반드시 위험한 대가를 치르고 만다. 그러므로 통치자는 역사의 준엄한 심판에 앞서 미리 백성들에게 겸손한 자세로 관용의 정치를 펼쳐야 한다. 정치에 몸을 담고자 하는 사람들이 투표를 의식하여 일시적으로 시민 앞에 머리를 조아리기도 하지만, 일단 관직에 앉게 되면 교만해지기 쉽다. 그래서 노자는 성인의 사례를 들어 오늘도 통치자들에게 경고하는 통치철학의 모습을 말하고 있는 것이다.

노자가 말하는 성인들의 모습은 분명하다. "저것을 버리고 이것을 취하는 것"이다. 저것을 버린다함은 '스스로 드러내고自見' 뽐내는 일이나, '스스로 귀하게 여기는自貴' 일을 버린다는 것이다. 대신에 '스스로 아는自知' 일과 '스스로 아끼는自愛' 일을 취한다. 성인이 스스로 아는 일이라는 것은 시시각각 머리와 가슴이 깨어 있는 상태를 말한다自知之明. 스스로 청정무위하게 깨어 있기에 스스로를 알면서도 남에게 자신을 드러내려고 하지는 않는다는 것이다. 남에게 드러내어 자랑하려 하지 않으니 자연 겸손해 질 수 밖에 없다. 스스로를 아낀다는 것은 참된 주체적 '자아'를 존중한다는 것이다. 하지만 남에게는 자신을 높이지 않는다. 그러므로 성인은 위압적이고 권위적인 정치를 버리고 청정한 자세로 무위의 입장을 지키는 것이다.

예수도 "자신을 스스로 높이는 자는 낮아질 것이며, 스스로 낮추는 자가 높아지리라"고 했고, 공자 또한 겸양과 공경의 태도를 주장했다. 예수가 주장하는 '하늘나라'에서는 어린아이와 같이 작은 자가 큰 자라고 했던 역설이 실감나게 들린다. '하늘나라'가 무엇인가? 이 땅에 이루어지길 바랐던 것 아닌가? 결국 서로를 낮추며 공경하고 인정하며 후덕하게 베풀며 사는 사회가 아닐까? 동 서양을 막론하고 절대왕정의 군주제 시대에는 그 무엇보다도 '군주의 덕목'이 가장 우선시 되었다. 그래야 백성이 편안 할 수 있었기 때문이다. 일인의 '군주'를 잘 못 만나면 그 백성은 전쟁이나 핍박에 혹독하게 시달릴 것이다.

하지만 일인의 군주가 선과 관용을 베풀 때 황금시대가 도래하지 않았던가? 군주는 한 시대를 대표하는 '역사'의 대표자일 수도 있다. 마찬가지로 '군주'가 제 역할을 못하면, 분노한 '백성'들에게 '역사'의 자리는 옮겨 갈 수밖에 없다. 바야흐로 일인 군주의 시대는 갔다. 하지만 억압의 통치는 여전히 있다. 선거철마다 서로 자신이 더욱 잘 통치할 수 있다고 한다. 그 훌륭한 통치의 기준이 무엇인가? 백성의 마음을 자신의 마음으로 삼는 통치가 무엇보다 필요한 시대다. 민중을 주인으로 삼는 역사의 거울 앞에서, "저것을 버리고 이것을 취하자." 스스로를 알고, 스스로를 존중하면서, 교만을 버린 겸손의 통치를 말이다.

제 73장

하늘의 그물은 넓어도 잃어버림이 없다

"과감하게 용맹하면 죽이고
과감하지 않음에 용맹하면 살린다.
이 두 가지는 혹 이롭고 혹 해롭다.
하늘이 미워하는 바를 그 누가 알겠는가?
그러므로 성인도 역시 어렵게 여긴다.

하늘의 도는 다투지 않고도 잘 이기고
말하지 않아도 잘 응하며
부르지 않아도 스스로 오고
너그럽지만 잘 도모한다.
하늘의 그물은 넓고 넓어
성글지만 놓치지 않는다."

勇於敢則殺, 勇於不敢則活, 此兩者或利或害,
天之所惡, 孰知其故, 是以聖人猶難之,

天之道, 不爭而善勝, 不言而善應, 不召而自來,

繟然而善謀, 天網恢恢, 疏而不失.

　본장에서도 노자는 부드러움의 미학과 다투지 않는 하늘의 도
리를 말하고 있다. 유약柔弱과 부쟁不爭의 천도天道를 말하고 있는
것이다. 노자는 여기서 '과감히 해야 할 일'과 '과감히 하지 말
아야 할 일'에 대해 세 단계로 설명하고 있다. 과감히 하지 말아
야 할 일을 용감하게 하다가는 사람을 죽이게 되고, 과감히 하지
말아야 하는 일에 용감하면 비로소 사람을 살린다는 것이다. 용
기의 두 가지 측면을 노자는 말하고 있다. 같은 칼이라도 어느
용도에 쓰느냐에 따라 살리기도 하고 죽이기도 한다는 것과 같
다. 물론 이 말은 통치자뿐만 아니라, 그 누구에게도 해당된다.
　인간의 삶에서 용기란 중요하다. 그래서 플라톤도 지혜와 용기
와 절제를 인간의 주요한 세 덕목으로 여겨 왔다. 물론 이때의
용기는 무사들 계층에서 더욱 중요한 덕목이라 여겨졌다. 통치
자들에게는 철인哲人으로서의 지혜가 필요하고, 군인과 같은 무
사계층에서는 용기가 중요하고, 일반 노동자와 생산 계층의 부
를 만들어 가는 사람에게는 욕망보다는 절제가 필요하다고 주장
했다. 이러한 세 가지 덕목이 조화와 균형을 이룰 때, 국가는 건
전하게 발전한다고 보았던 것이다. 물론 지혜와 용기와 절제를
세 계층으로만 구분하여 설명한다는 것은 무리다. 누구에게나
필요한 덕목이기 때문이다.
　노자가 바라본 국가관에서도 용기는 중요한 덕목이었다. 그런
데 그 용기는 무사들에게만 필요한 것이 아니라 통치자와 법을
집행하는 모든 자들에게 필요한 것이었지만, 그 용기가 과연 어

떤 용기인가 하는 것이 문제였다. 역시 노자는 부드러움과 관용에의 용기가 중요한 덕목이었다. 이는 앞의 42장에서 노자가 이미 "강하고 억센 자는 제대로 죽지 못한다强梁者不得其死"라고 했던 것과 통하는 말이다. "과감하게 하지 않는 자는 살린다."고한 것은 부드러움과 자비심을 가지고 불쌍히 여기는 마음으로신중하게 일을 처리한다는 뜻이다. 이는 노자 76장에서 "부드럽고 유약한 것이 삶의 무리가 된다柔弱者生之徒"는 뜻과도 통한다.

스스로 너무 강하고 억센 나머지 제명에 죽지 못한 사람들도많지만, 강하고 억센 권력자들에 의해 억울하게 죽어간 사람들또한 지구상에 얼마나 많을까? 숱한 전쟁에 휘말려 죽어 간 사름들 외에도, 부당한 힘에 의해 유명을 달리한 억울한 희생자들이 얼마나 많겠는가? 통치자의 입장에 있는 사람들은 '견강堅強의 원칙'만을 고수하지 말고, '부드러운 자비의 원칙柔慈'을 유지 할 필요가 있다. 남북한 간의 문제도 마찬가지다. 상황을 더욱 경색적인 국면으로 몰고 가지 말고, 부드러움과 인내를 가지고 탄력적인 관용의 정책을 펼 필요가 있다. 그럴 때 강공 일변도로 치닫다가 파국으로 달렸던 과거의 실패를 되풀이 하지 않게 될 것이다.

부드러움의 도리, 이것은 노자에게서 하늘의 도리다. 거듭 말하거니와 예수나 공자와 노자 모두 부드러운 성인들이었다. 물론 정의 앞에서는 목숨을 내 놓고 용감하게 나섰던 인물들이지만 자비와 관용의 측면에서는 한없이 부드러운 사람들이었다. 다만 하늘의 도리가 노자에게서는 스스로 그러한 '자연의 도'였고, 공자에게서는 '천명의 도리'였으며, 예수에게서는 '하나님의 도'였던 것일 뿐이다. 노자에게서 자연은 강하거나 다투는 도리가 아니었고, 공자에게서 천명은 인仁을 실천하는 행위였으며, 예수에게서 하나님의 도는 원수까지도 사랑하라는 것이었다. 그래서 '자연'과 '천명'과 '하나님'은 사랑하는 용기에서 상통하게 된다. "너희 중에 죄 없는 자가 먼저 돌로 쳐라" 했던 예수의 말은 '과감히 하지 말아야 할 일'의 단면을 보여 주는 것이다.

노자가 말하듯, "하늘은 다투지 않고도 잘 이긴다."고 한 것은 다각적인 방면으로 설명이 가능하지만, 군사軍事 방면으로도 해석이 가능하다. 전쟁은 그 희생이 크다. 싸우지 않고 잘 이기는 평화적 외교 전략善謀이 필요하다. 이것이 너그러우면서도 잘 도모하는 하늘의 도리다. 다투기를 좋아 하는 자, 그는 필히 망하게 마련이다. 그래서 "하늘의 그물망은 넓고 넓어서天罔恢恢 소홀 한 것 같지만 실은 하나도 빠뜨리지 않는다疏而不失."고 한 것이다. 누구나 하늘의 법망을 피해 갈 사람이 없다. 사필귀정이리라. 용기를 내되 무슨 일에 용기를 낼 것인가? 죽이는 일에 앞장서야 할까? 아니면 살리는 일에 앞장서야 할까? 하늘의 도리는 말하지 않아도 답이 있고不言而善應, 부르지 않아도 저절로 찾아오는 것이다不召而自來. 침묵하는 하나님 속에 답이 있듯이.

제 74장

함부로 죽이지 마라

"백성이 죽음을 두려워하지 않는데
어찌 죽인다는 것으로써 두려워하게 하겠는가?
만약 백성으로 하여금 늘 죽음을 두려워하게 하는데도
이상한 짓을 하는 사람이 있어서
내가 그를 잡아 죽일 것이라 하면
누가 감히 그런 짓을 하겠는가?

늘 죽임을 맡은 이는 따로 있는데
대저 죽임을 맡은 이를 대신하여 죽인다면
이는 큰 목수를 대신하여 나무를 깎는 것이다.
큰 목수를 대신하여 나무를 깎는다고 나서는 사람치고
그 손을 다치지 않는 자가 드물다."

民不畏死, 奈何以死懼之,
若使民常畏死而爲奇者, 吾得執而殺之, 孰敢,
常有司殺者殺, 夫代司殺者殺, 是謂代大匠斲,
夫代大匠斲者, 希有不傷其手矣.

인간은 나면서부터 누구나 천부적인 권한을 가지고 태어난다. 생명의 존엄이 그것이다. 그래서 누구나 신 앞에 평등하다거나, 혹은 법 앞에 평등하다는 말을 한다. 하지만 전제국가나 독재정권 하에서는 통치자의 폭압적인 권력에 의해 종종 인권이 희생되었다. 노자에 의하면 인간의 삶과 죽음은 어디까지나 자연의 원리에 따를 뿐이다. 살리는 것도 자연이요, 죽이는 것도 자연이다. 그런데 인간을 죽일 수 있는 자연의 권리를 인간이 함부로 남용한다면 그것이야말로 큰 병폐라는 것이 노자의 지적이다. 성서에 의하면, 마귀는 죽이는 일은 할 수 있어도 살리지는 못한다. 반면에 하나님은 살리기도 하고 죽이기도 한다. 스피노자에게 있어서 그래서 자연은 '신'이 된다. '능산能産적 자연'과 '소산所産적 자연'이 그렇다.

본문에서 "백성이 죽음을 두려워하지 않는" 상황을 말하고 있다. 백성이 죽음을 두려워하지 않을 정도라면 나라의 사태는 이미 심각하다. 사는 것보다 죽는 것이 차라리 나으니 죽기를 각오하고 항쟁하는 경우다. 사태가 이 정도 치닫게 되면 항쟁의 불길은 걷잡기 어렵다. 이와는 반대로 백성이 죽음을 두려워하는 상황이라면, 사악한 짓을 행하지 못할 것이라는 점이다. 그런데 잔혹한 통치자의 경우는 어떤가? 절대군주 시대로부터 지구촌 대부분이 민주사회로 진입하고 있지만, 아직도 일각에서는 여전히 독재정치가 진행되고 있다. 역사상 수많은 농민항쟁이라든가 동학 농민항쟁은 말할 것도 없지만, 불과 몇 십 년 전만 해도 캄보디아의 폴포트 정권에 의한 킬링필드 대학살, 독일 히틀러의 유대인 대학살, 일본의 중국 남경 대학살 등 수없는 학살이 진행되었다. 물론 한국의 제주 4·3학살이나 광주 5·18학살의 경우도 예외는 아니었다. 1987년 이한열 열사의 죽음 이후 6·10민주항쟁의 거리 공덕동 로타리에서 정태춘이 울부짖으며 노래하면서 "더 이상 죽이지 마라"던 항쟁의 메아리가 지금도 귀에 쟁쟁하다.

노자는 본문에서 인명 경시의 시대에 잔혹한 통치자들의 권력 남용에 대해 준엄한 비판을 가하고 있다. 사람을 죽이는 일은 '자연'이라는 절대적인 힘 외에 누구도 감히 해서는 안되는 일이다. 죽이는 일을 굳이 떠맡는다면, 그것은 마치 훌륭한 목수를 제쳐두고 자신이 목수 일을 대신하여 나무를 깎겠다고 경솔히 나서는 경우와 같다는 것이다. 물론 훌륭한 목수를 대신하여 나선 서툰 목수는 손을 다치기 십상이다. 어쩌면 예수가 말한 것처럼 "너희가 함부로 선생 되지 말라"고 한 것과도 맥락이 같다. 함부로 선생 노릇하다가 스스로 영혼을 다치거나 남을 상하게 하는 경우가 얼마나 많은가? 그 뿐 아니라 예수는 형제를 미워하는 것도 살인하는 것이라 했으니, 우리의 마음 자세가 어떠해야 하겠는가?

예수의 일생은 비폭력 평화주의의 일생이었다. 단 한번 힘을 쓴 적이 있다면 그것은 성전에서 비둘기를 팔고 성소를 장사꾼이나 강도의 소굴로 만들고 있는 행위에 분노해서 상을 뒤집어 엎은 것이다. "만민이 기도 하는 장소"가 장사꾼의 소굴이 된 것에 대해 참을 수 없었다. 이를 '성전 정화' 사건이라고 한다. 물론 이 사건으로 인해 예수는 십자가 사형의 빌미를 제공했다. 그러나 그것은 백성을 살리고자 한 행위였지 죽이려 던 것은 더욱 아니었다. 예수의 '성전 정화'는 당시 권력자들이 '성전을 남용'한 것에 대한 일종의 심판이었다. 오늘날 한국 교회나 한국 정치에 '권력의 남용'은 없는지 반성해 볼 일이다.

권력형 폭력이 없는 겸애兼愛설을 주장한 묵자의 이야기 또한 귀담아 들을 필요가 있다. 예수가 말한 것과 같은 '서로 사랑'의 원리다. 이는 서로가 이로운 사회를 만들어 가자는 실천적 사상이었다. 특히 통치나 사회체계의 원리에서 더욱 그렇다. 사회적 통치체계를 새롭게 변형시켜 서로에게 이익이 되게 하면서 민중의 의식주를 해결하자는 주장이다. 그러한 정신이라면 통치자가 백성을 죽음으로 몰아세우지는 않을 것이다. 이러한 실천적 차원도 중요하지만 장자의 경우 한 걸음 더 나아가 이해관계利害關係의 차원도 넘어서자고 한다. 이는 장자가 제물론에서 말하듯이 각자 개성은 다르지만 각각의 삶의 의지를 고르게 실현하며 살 수 있도록 해 주는 것이다. 그것은 오직 이해利害와 시비是非의 차원을 넘어선 물아일체物我一體의 망아忘我적 경지에 이르러야 하는 것인데, 이 정도쯤 되어야 비로소 증오와 죽임의 해악에서 벗어 날 수 있는 것 아닐까? 그 쯤 되자면 참으로 많은 수양이 필요하다. 그래도 거기에 참 살림의 생명의 미학이 있지 않을까?

제 75장

백성이 굶주리게 되는 까닭은?

"백성이 굶주리게 되는 것은
위에 있는 자들이 세금을 과도하게 거두기때문이다
백성을 다스리기 힘든 까닭은
통치자가 망령된 행위를 행하기 때문이다.

백성이 죽음을 가벼이 여기는 것은
통치자가 과분한 생활을 탐욕하기 때문이다.
오직 과분한 삶을 누리려고 하지 않는 것이
사치와 안락을 추구하며 애써 고귀하게 살려는 것보다 현명하다."

民之饑, 以其上食稅之多, 是以饑.
民之難治, 以其上之有爲, 是以難治.
民之輕死, 以其上求生之厚, 是以輕死.
夫唯無以生爲者, 是賢於貴生.

본장에서도 노자는 통치자에 대한 비판을 멈추지 않는다. 앞장에서는 통치자들의 압정과 폭력을 비판하는데 이어 여기서는 더욱 구체적으로 과세정책에 대해 비판한다. 특히 백성들에게 세금을 과도하게 거두어 백성들로 하여금 굶주리게 하는 행위에 대한 준엄한 비판이 담겨 있다. 뿐만 아니라, 통치자가 무위자연의 도에 입각하여 통치하는 것이 아니라 무언가를 작위적으로 꾸며 가면서 일을 자꾸 만드는 '유위有爲'의 통치 때문에 백성을 잘 다스리지 못하고 오히려 사회적 혼란을 초래한다는 것이다. 진시황이 만리장성을 쌓으며 백성들을 혹독하게 괴롭히거나 죽인 것도 하나의 예가 된다. 백성들이 죽음을 가볍게 여기는 이유도 상층부의 통치자들이 자신들의 삶을 더욱 호화찬란하게만 했지, 백성들의 가난한 삶을 돌아보지 않는 데서 오는 원망과 한탄에 있다고 비판한다. 그러므로 통치자들이 청정무욕으로 통치를 해야 비로소 백성들이 생명을 소중히 여기게 될 것이라는 충고다.

노자는 당시 하층 민중들의 곤핍한 현실 생활의 불합리한 모순을 들추어내면서 통치자의 자세가 과연 어떠해야 하는지를 잘 보여주고 있다. 과세정책은 백성의 삶을 윤택하게 하느냐 빈궁하게 하느냐 하는 아주 중요한 정책이다. 농경 중심 사회에서는 식량을 중심으로 한 과세가 백성들의 삶에 큰 비중을 차지했다. 먹을 양식이 궁한 춘궁기는 물론이고 가뭄이나 전쟁 등으로 인한 기근 때에는 백성들의 삶이 더욱 참혹할 수밖에 없다. 가뜩이나 어려운 살림에 과도한 세금을 거두고 통치자들은 더욱 환락을 누리기에만 급급하다면 어느 백성이 분노하지 않겠으며 죽음이라도 불사하며 저항하지 않을 수 있겠는가? 예나 지금이나 백성의 형편을 잘 고려한 정치, 소박한 서민의 삶을 중시하는 정치가 필요하다.

'궁지에 몰리면 이판사판으로 행동하게 된다鋌而走險'는 고사성어가 있다. 쥐도 나갈 구멍을 만들어 놓고 내 쫓아야지 그렇지 않으면 달려들어 물게 되는 경우에 비유될지도 모르겠다. 막판에 몰려서 너 죽고 나죽자는 식으로 일어나면 사회는 혼란에 빠지게 될 것이다. 죽음을 내건 민중의 저항에 부딪치기 이전에 통치자들은 겸허하고 소박한 자세로 백성들의 형편을 보살펴야 할 것이다. 민심을 잃으면 나라는 혼란해지기 마련이다. 그것은 고금의 역사가 증명해 주고 있다. 오늘의 한국도 예외가 아니다. 과거에 비해 조세행정과 제도가 많이 개선되기는 했지만 여전히 중소기업이나 서민 살리기보다는 대기업 편향의 조세정책 등이 없는지 지도자들은 더욱 고심해야 할 것이다.

누구나 잘 살 수 있는 복지국가는 꿈에 불과한 것인가? 선진국 진입을 앞두고 있다는 한국에서 아직도 점심을 굶어야 하는 결식 아동들과 사회의 그늘에서 고통받는 노인과 장애인들이 많이 있다는 사실은 우리를 슬프게 하는 현실이 아닐 수 없다. 모두가 잘 살 수 있는 사회란 비록 꿈에 불과할지도 모르지만 노자의 권면처럼 지도자들의 현명한 정책판단을 기대하고 싶다.

사실 다스린다는 것治은 백성의 안녕을 도모하기 위해 평화와 질서가 유지되게 하는 일이다. 노자가 볼 때 앞서 말한 것처럼 백성이 굶주리거나, 백성을 다스리기 힘든 일, 그리고 백성이 죽음을 가벼이 여기는 일 이 모두가 정치 지도자의 강압적 통치와 사치에 문제가 있다고 본 것이다. 이러한 상태를 당대에 누구보다 겸애兼愛와 절용節用을 주장하면서 노동자 집단을 대변한 묵자墨子의 입장에서 보면, 과히 혁명이라도 요청되어야 하는 것이다. 이것은 마치 예수가 당시 완고한 종교적 지도자들이었던 서기관이나 바리사인과 같은 자들로부터 "세리와 죄인들"의 앞잡이라는 천박한 누명을 써가면서도 생의 마지막까지 가난하고 소외된 자들과 함께 하며, 압제와 포탈이 없는 새로운 세계, 곧 천국을 열고자 했던 이유 중의 하나이기도 하다.

제 76장

부드러움, 그 생명의 미학

"사람이 태어날 때는 부드럽고 약한데
죽으면 뻣뻣해진다.
만물과 초목이 생겨날 때는 부드럽고 여린데
죽으면 바짝 마른다.

그러므로 뻣뻣한 것은 죽음의 유형이고
유약하고 미세한 것은 삶의 유형이다.
그러므로 병사를 사용함에 있어서 강하기만 하면 이기지 못하고
나무도 단단해지면 잘리게 된다.

강대한 것은 아래에 처하게 되고
유약하고 미세한 것은 오히려 위에 거한다."

人之生也柔弱, 其死也堅强. 萬物草木之生也柔脆, 其死也枯槁.
故堅强者死之徒, 柔弱者生之徒. 是以兵强則不勝, 木强則折.
强大處下, 柔弱處上.

노자의 사상을 몇 가지로 요약하자면 그 가운데 하나가 '유약柔弱'이다. 이는 도의 움직임이나 작용이 그렇다는 것으로서, 인간의 처세술에도 그대로 적용되는 것이다. 노자가 세상의 이치를 가만히 관찰해 보았을 때, 강하고 단단한 것은 모두 죽음의 범주에 속하고堅強者死之徒, 부드럽고 유약한 것은 생명의 무리에 속한다柔弱者生之徒고 보았다. 그 대표적인 것이 갓 태어난 어린 영아일수록 부드럽고 산천의 초목이 자라날 때도 마찬가지다. 부드럽고 연한 잎이 딱딱한 땅이나 줄기를 뚫고 솟아난다. 초목이 생명이 있는 한 부드러움을 유지하지만 죽으면 뻣뻣해지는 것은 사람이나 마찬가지다. 노자는 이와 같이 인간이나 초목 모두의 생존 원리를 설명하는 가운데, 생장하는 무리는 모두 부드러움을 지니지만 죽음의 무리는 모두 견강하기만 하다는 것을 말하고 있다.

  이러한 유약의 원리는 병사에게까지 적용되고 있는데, 군대가 강하고 엄격하기만 해서는 오히려 천하를 다스리지 못하는 원리와 같다. 무력의 힘만 앞세우는 제국은 오래가지 못하고 곧 몰락한다. 진시황의 경우 로마제국의 쇠함도 같은 맥락이다. 이와 같이 정치나 인간사의 모든 문제에 해당되는 원리로서 노자는 본문 곳곳에서 '부드러움이 이긴다.'는 논리를 밝히고 있다. 이른바 "부드럽고 약한 것이 강하고 단단한 것을 이긴다柔弱勝剛強"(36장)고 했던 것이나, "오로지 정기를 부드럽게 하여 유연한 자세로 영아와 같을 수 있겠는가?專氣致柔, 能嬰兒乎"(10장)라고 했던 것이 모두 그러한 뜻이다. 이는 모두 수신양성修身養性과 사회, 정치적 활동에 있어서의 지도력에 관한 내용으로도 확대 해석할 수 있다.

노자가 이처럼 일관되게 강조하는 바, 부드러움을 귀히 여기고 약한 것에 처하라는 '귀유처약貴柔處弱'의 도리는 동서를 막론하고 예나 지금이나 아무리 강조해도 지나침이 없다. 이는 동시에 유약함을 귀하게 여기되 강권強權을 함부로 사용하지 말라는 경고로서, 이른바 '귀유계강貴柔戒剛'의 의미가 담겨있다. 이것은 인간 개인의 관계도 그러하지만, 통치술에 적용하자면 지도자가 강압적으로 권력을 이용해서는 안 된다는 것이다. 노자는 본문의 짧은 문장을 통해 부드러움은 생명의 길이지만, 견강함은 죽음의 길이라는 것을 변증법적인 방식으로 설명하고 있다. 그리하여 결국에 가서는 강한 것이 아래에 처하고 부드러운 것이 위에 거한다는 역설이 성립된다. 마치 거대하고 단단한 바위 위에 가늘고 부드러운 나뭇잎이 올라 앉아있는 경우와 같다.

　"나중 된 자가 먼저 되고", "자신을 낮추는 자가 높아지리라"는 예수의 역설도 이와 다름 아니다. 자비와 긍휼의 눈으로 세상을 바라보던 시인 윤동주의 말처럼, 오늘도 우리는 "모든 죽어가는 것들을 사랑해야" 하지 않을까? 암탉이 품은 달걀에서 병아리가 껍질을 깨고 나오듯이, 사랑의 품은 모든 죽어가는 것도 살릴 수 있지 않을까? 그 부드러움의 힘으로 말이다. 생명, 그만한 경이가 또 어디 있으랴. 바야흐로 여리고 푸른 새싹이 굳은 땅과 돌을 헤치고 싱싱하게 돋아나는 신비로운 계절에 죽음을 뚫고 부활하는 생장의 비밀을 다시 생각해 보아야 할 것 같다. 이처럼 생은 부드러움이요 완고함이 죽음이라면, 그리하여 생사의 갈림길 또한 부드러움에 달려 있다면, 우리는 어찌 그 부드러움의 길을 택하지 않을 수 있을까?

제 77장

하늘의 도와 사람의 도

"하늘의 도는 마치 활을 당기는 것과 같다.
높은 것은 누르고 낮은 것은 들어 올리며,
남는 것은 덜어주고 부족한 것은 보충해 준다.
하늘의 도는 남는 것을 덜어서 부족한 것을 보충하는데,
사람의 도는 그렇지 않아서,
부족한 것을 덜어서 남는 사람에게 바친다.

누가 남는 것을 가지고 천하를 받들겠는가?
오직 도를 터득한 사람이다.
그러므로 성인은 일을 해주고서도 보답을 바라지 않고
공을 이루어도 거기에 머물지 않는다.
그것은 자기의 현명함을 드러내려 하지 않기 때문이다."

天之道, 其猶張弓與, 高者抑之, 下者擧之, 有餘者損之, 不足者補之.
天之道損有餘而補不足, 人之道則不然, 損不足以奉有餘.
孰能有餘以奉天下, 唯有道者, 是以聖人爲而不恃,
功成而不處, 其不欲見賢.

사람이 사는 세상은 늘 공평하지 않다. 더구나 계급사회는 더욱 그러하다. 그러니 노예제도가 인정되던 옛날의 군주시대는 어떠했겠는지 충분히 상상이 가고도 남는다. 지금은 민주시대라지만 여전히 자본가와 노동자 그리고 전문직 종사자와 일반직 종사자 그리고 임시 고용직 등으로 수많은 보이지 않는 계급적 편차가 있다. 이러한 계급적 편차에 따라 빈부의 격차는 더욱 심해지고 있다. 더욱이 점차 세계화 되고 있는 자본주의적 경쟁체제에서는 빈부 격차의 문제는 피할 수 없는 숙명과 같은 것이 되고 말았다. 예나 지금이나 평등과 분배의 문제는 인류의 영원한 풀리지 않는 숙제와 같은 것인지도 모른다. 그래서 노자는 하늘의 도天道와 사람의 도人道를 구분하여 설명한다.

노자는 "하늘의 도는 마치 활을 당기는 것과 같다."고 비유하여 말한다. 그리하여 높은 것은 낮추고 낮은 것은 들어 올리며, 남는 것은 덜어주고 모자라는 것은 보충해 주는 하늘의 공평함을 말하고 있다. 마치 태양이 온 누리에 비추이듯이 하늘의 도는 공평하다는 것이다. 하지만 인간의 모습은 어떤가? 오히려 가난한 자의 작은 것마저도 빼앗아 가진 자에게 갖다 주는 형식이다. 궁핍한 백성으로부터 세금을 착취하여 군량미로 비축한다거나 통치자들이 호사스런 생활을 누리는 비용으로 충당하는 꼴이다. 그리하여 부익부 빈익빈은 거듭 되는데, 노자는 이러한 상황에 관련해 "누가 과연 남는 것을 덜어서 천하 사람에게 봉양 할 수 있겠는가?"라고 자문하면서, "오직 도를 체득한 사람"이 능히 그렇게 할 수 있다고 말한다.

이처럼 하늘의 도를 터득한 성인은 남에게 좋은 것을 베풀어 주고도 거기에 보상이나 대가를 바라지도 않으며爲而不恃, 공을 이루고도 거기에 집착하거나 머물지 않는다功成而不處. 이러한 행위는 이미 앞선 2장에서도 언급된 바이지만 여기서 거듭 강조되고 있다. 성인의 행위가 이러한 까닭은 자신의 현명함을 드러내지 않으려 하기 때문이라는 것이다. 이상에서 말하는 노자의 요지는 하늘의 도와 인간의 도에 대한 극명한 대조를 통해, 사사롭고 잔꾀 많은 인간의 도를 버리고 '천하의 어머니'와 같은 『도』25장를 본받아 만물의 균형과 조화에 힘써야 할 것을 강조하고자 한 것이다. '천하의 어머니'로서의 도는 "홀로 우뚝 서서 언제나 변함없이獨立不改, 두루 어디에나 미치지만 위태롭지 않아周行而不殆" 자식을 골고루 돌보듯 하기에 천하의 어머니가 될 수 있는 것이다.

공자 또한 〈논어〉에서 "가난을 염려하지 말고, 균등하지 못한 것을 염려하라"季氏, 고 했다. 그런데 노자는 공자보다 한 걸음 더 나아가서 구체적인 방법을 설명한다. 공자는 민중의 조세 부담을 줄이라는 형식인데 반해, 노자는 남아돌아가는 부자들의 여분을 덜어서 천하 사람들에게 봉양하라는 적극적인 방법이다. 이것이 '하늘의 도'에 부합하는 것으로, 활을 당기는 것과 같이 "높은 것은 누르고高者抑之, 낮은 것은 들어 올려야 한다下者擧之"는 것이다. 또한 이것이야말로, "남는 것은 덜어주고有餘者損之 부족한 것을 보충해 줌不足者補之"으로써 천하를 봉양하는 것以奉天下이 된다.

노자가 말하는 '하늘의 도'는 일월성신이 운행하는 궤도와 같은 것으로서 '자연의 규율'을 말한다. 루위산盧育三은 태양의 움직임에 비추어 이를 설명하고 있다. '해가 동쪽에서 뜨고 점점 높이 솟아 남쪽으로 나아가다가 중천에 뜨는 것'을 '낮은 것을 들어 올리는 것'에 비유하고, '해가 다시 서쪽으로 진행한 후 점점 하강하여 일몰되는 것'을 '높은 것을 누르는 것'에 비유히었다. 그 다음날도 마찬가지로 되풀이 된다. 달 또한 상현上弦에서 만월滿月로 이어지고, 만월은 다시 하현下弦으로 이어져서 없어지다가 다시 새로운 달이 시작되는데, 이 또한 달의 차고 기우는 변화 과정을 "남은 것을 덜어서 부족한 것을 보충해 주는損有餘而補不足" 하늘의 도리에 비유한 것이다. 더 나아가서 일 년 사계절의 기온변화도 그렇다. 봄, 여름에는 기온이 점점 상승하다 가을과 겨울에는 낮아지지만 다시 봄이 돌아오면 높아지는 이치와 같다는 것이다. 이처럼 하늘의 도는 상호보충의 원리로 균형을 잡아가지만 사람의 도는 그렇지 못하니 하늘의 도, 곧 자연의 도를 본 받으라는 것이다.

평등의 원리로 말하자면 예수나 석가 또한 공자나 노자보다 사회 해방적 측면에서 더욱 급진적이다. 이들은 아예 유무상통하는 평등 공동체를 만들었기 때문이다. 물론 이들 탁발 공동체는 세속과 일정 정도 분리되는 이상적 평등 공동체를 유지했지만 적어도 그 안에 계급적 권위와 수탈은 없었던 것이다. 오히려 이들은 권위와 억압이라는 제도적 우상을 타파하고, 치유와 해방의 진리 나눔이라는 운동의 일꾼들로서 자발적인 봉헌의 대가를 받는 것뿐이었다. 더 나아가 예수는 자신의 생명까지 십자가에 버림으로써 인류를 사랑하고 구원하는 일에 힘썼다. 그리스도교식으로 말하면, 인류는 모두가 평등한 '하나님의 자녀'다. 그러므로 누구든지 신에게 동등한 사랑과 대접을 받을 권리가 있다. 하지만 인간의 삶의 현장은 늘 약자가 수난을 당하도록 기울어져 있다. 이러한 억눌린 약자들을 들어 올려주기 위해 노력하는 수많은 선각자들이 있다. 노자 시대에 가난하고 약한 자들을 돌보며 서로 사랑을 주장한 묵자가 그랬고, 근세에는 인도의 병들고 가난한 자들을 돌본 마더 테레사 수녀, 불가촉천민 해방가 암베드카르, 미국의 인권 해방가 마틴 루터 킹 주니어 목사 등과 그 외에도 숨은 성자들을 얼마든지 찾아 볼 수 있다. 공을 이루고도 그 공로에 머물지 않는 이러한 선각자들을 되돌아보면서, 나는 오늘 어디에 서 있는가를 다시 반문해 본다.

제 78장

"세월호의 참사"로 희생된 넋들을 기리며

"천하에 물보다 더 유약한 것이 없지만
굳세고 강한 것을 꺾는 데는 물보다 더 나은 것이 없다.
물의 성질을 바꿀 수 있는 것은 아무것도 없기 때문이다.
약한 것이 강한 것을 이기고
부드러운 것이 단단한 것을 이긴다는 것을
천하에 모르는 사람이 없으나 능히 실천에 옮길 줄 모른다.

그러므로 성인은 말하기를 나라의 허물을
기꺼이 받아들이고 나서야 사직의 주인이라 할 수 있고
나라의 환난을 기꺼이 받아들이고 나서야
바로 천하의 왕이라 할 수 있다.
바른 말은 반대처럼 들린다."

天下莫柔弱於水, 而攻堅强者, 莫之能勝, 以其無以易之.
弱之勝强, 柔之勝剛, 天下莫不知, 莫能行.
是以聖人云, 受國之垢, 是謂社稷主, 受國不祥, 是謂天下王, 正言若反.

마른하늘에 벼락이 치는 듯 한 슬픈 소식이 연일 한반도와 지구촌에 울리고 있다. 그것은 진도 앞바다에 침몰된 '세월호'에 탑승한 수백 명이 하루아침에 목숨을 잃게 되는 예기치 못한 대 재난 때문이었다. 인천항을 출발하여 제주도로 가던 여객선이 갑자기 바다에 침몰하여 상당수의 일반인을 포함하여 수백 명에 달하는 꽃다운 젊은 고등학교 학생들의 생명을 앗아간 것이다. 과연 '천지불인天地不仁'이라더니 어쩜 이렇게도 하늘과 땅이 무심할까 싶을 정도다. 자연 앞에 다시 겸허해질 수밖에 없는 인간의 한계를 절감하면서도 억울하게 죽어간 넋들을 생각하면 그저 비통한 마음 금할 수 없을 뿐이다.

"천하에 물보다 더 유약한 것이 없지만, 굳세고 강한 것을 꺾는 것 또한 물만한 것이 없다."고 노자는 말한다. 누가 진도 앞바다의 물을 원망할 수 있을까? 물처럼 유약하고 부드러운 것이 없지만 거대한 여객선을 일순간 침몰시켜버린 것도 물이다. 부드럽고 유약한 것이 강하고 단단한 것을 이긴다는 사실을 사람들은 알면서도 실천하지 못하는 것이 문제라고 이어서 노자는 비판조로 말한다. 물이 부드럽다고 함부로 대하거나, 무시하면 할수록 위험에 처하기 마련이다. 특히 수 백 명의 생명을 싣고 항해하는 항해사와 조타수의 자세는 더 말할 것도 없다. 물과 바다를 대하는 우리 인간의 자세에 대해 다시 깊이 생각해 보아야 할 시점이다. 물은 유순하면서도 천하 그 무엇보다 강하다. 인생사 이와 같을진대, 지금이라도 겸손하게 우리의 삶의 자세를 가다듬어야 할 것이다. 특히 통치자들이나 전문직 종사자들은 더욱 그러하다. 물을 얕보듯 거만한 한 인간의 실수가 되돌릴 수 없는 어처구니없는 참사를 가져온다. 매사가 신중해야 할 일이다.

여객을 태우고 험한 물살을 헤쳐 나아가야 하는 선장의 태도와 백성을 지도하는 통치자의 모습은 유사하다. 그러므로 적어도 나라를 통치하는 자리에 있거나 조직의 지도자들은 허물과 환란을 스스로의 것으로 기꺼이 받아들일 줄 알아야 하고, 그것을 감수 했을 때 비로소 종묘사직의 주인이 될 수 있으며, 천하의 지도자요 왕이라는 소리를 들을 수 있다. '세월호' 침몰 사건에서 누구보다 승객의 안전과 보호에 마지막까지 힘써야 할 선장이 제일 먼저 구명보트를 타고 빠져나갔다. "허물과 재난"을 받아들이기는커녕, 도망친 것이다. 반면에 학생들을 구조하다가 실종된 책임감 있는 선원도 있었다고 한다. 멸사봉공의 정신으로 살다간 이러한 영혼이야말로 역사를 이끌어 갈 수 있는 주인이 될 수 있지 않을까 생각해 본다. 굳이 예수나 석가의 예를 들지 않더라도 허물과 환란을 내 것으로 여길 수 있는 자세야말로 성인의 길이 아닐 수 없다. '세월호' 사건은 나라의 치욕이다. 하지만 이 치욕을 받아들이고, 재난을 수습하는 자라야 진정한 지도자라는 사실을 깨달아야 한다.

　　세상이 혼란스럽고 나라가 어지러울수록 부드럽고 유약하지만 온 세상을 이기고 또 낮은 곳에 처하는 물에게서 삶의 지혜를 얻어야 한다. 노자가 거듭 이야기하듯이 '상선약수上善若水'라든가, '유약승강강柔弱勝剛强'의 원리가 본장에서도 다시 한 번 강조 되고 있다. 노자가 살던 춘추전국시대에는 철기문화가 급속히 보급된 시기였다. 동시에 영토의 확장과 정권 탈취를 위해 끊임없이 서로가 전쟁을 일삼았다. 무력과 권력으로 약육강식하는 투쟁의 소문을 그는 매일같이 들었을 것이다. 그러한 와중에 노자가 생각하기에, 진정한 승자는 강철이나 권력이 아니라 오히려 그것마저도 부식시킬 수 있는 부드러운 물과 같은 힘이라는 것임을 역설하고자 했을 것이다.

노자는 또 "바른 말은 반대처럼 들린다."고 했다. "좋은 말은 입에 쓰다"는 것이다. "물처럼 부드럽지만 강한 것이 없다.", "암초를 조심하라." 이 평범한 진리를 두고도 우리는 늘 소홀히 한다. 공자는 "곤이지지困而知之"라는 말을 했다. 꼭 곤경을 당해 보고서야 깨닫는 사람을 두고 한 말이다. 태어나면서부터 깨닫는 총명한 "생이지지生而知之"까지는 아니라도, 적어도 미리 예방을 통하여 배워 익히는 훈련으로서라도 깨달을 수 있는 "학이지지學而知之" 정도는 되어야 하지 않을까? '세월호' 침몰 참사를 당한 유가족들에게 무어라 위로를 해야 할지 모르겠다. 이제는 어서 이 재난을 서둘러 수습해야 한다. "허물과 재난"을 기꺼이 내 것으로 여기고 슬픔을 당한 이웃과 더불어 나눔 운동에 나서야 하지 않을까? 우리 모두의 총체적이고 시대적인 과오의 희생양이 된 고인들의 명복을 빈다.

제 79장

하늘은 착한 사람과 함께 한다

"큰 원한은 화해해도 여한이 있게 마련이니
어찌 좋다고 할 수 있으리오.
그러므로 성인은 채권을 지니고도 사람에게 독촉하지 않는다.

덕 있는 사람은 채권을 보류하지만
덕 없는 사람은 세법을 따져 챙긴다.
하늘의 도는 누구를 막론하고
늘 착한 사람과 함께 한다."

和大怨, 必有餘怨, 安可以爲善.
是以聖人執左契, 而不責於人.
有德司契, 無德司徹.
天道無親, 常與善人.

본장은 집권자가 백성과 더불어 원망을 사지 말고 선한 관계를
유지해야 함을 역설하고 있다. 과도한 세금으로 백성을 곤핍하

게 하고, 과중한 형벌로 백성을 억압하면 백성들로부터 원한을 살 수 밖에 없다. 노자가 생각하는 이상적인 정치는 언제나 덕으로 백성을 교화하며 백성들에게 부족한 것을 채워주는 것이었다. 그런데 당대의 통치자들과 관원들은 가난한 백성들에게 더욱 세금을 과중하게 부과하여 그 원성이 끊이지 않았다. 백성들에게는 무엇보다 생존을 위한 양식이 중요했는데, 조금 있는 것마저 강압적으로 탈취해 갔으니 원망이 얼마나 컸겠는지 짐작할 수 있다. 원망이 크면 클수록 아무리 화해를 한다 해도 여한은 남게 마련이라는 것이다. 평범한 이야기다. 그럼에도 불구하고 이처럼 조세의 약탈이 심했으므로 노자는 이러한 채무 관계를 성인에게 비유하여 말하고 있다. "성인은 채권을 가지고 있어도 그 권한을 유보하여 독촉을 하지 않는다." 성인으로서 덕을 지닌 사람은 채권 행사를 유보하지만, 덕이 없는 사람은 채권을 따져서 이익을 챙긴다는 것이다.

노자는 앞에서도 계속 성인의 길을 천도天道의 모범으로서 제시하였다. 예컨대 "누가 능히 남는 것으로 천하를 받들어 섬길 수 있겠는가?"(77장)라고 한 말과도 통한다. 이는 남는 자에게서 덜어서 모자라는 자를 먹이니 균형을 잡게 된다는 것이다. 그리하여 하늘의 도는 언제나 특별히 편애하는 일 없이天道無親 누구를 막론하고 늘 착한 자와 함께한다고 했다常與善人. 하늘의 도, 즉 '천도天道'는 노자가 1장에서 말하고 있는 영원한 도常道다. 그러므로 하늘의 도는 영원히 선인과 더불어 존재하는 도다. 하여 선인의 길道 또한 영원하여 죽어도 죽지 않는다. 마치 선을 행하던 예수가 죽었으나 죽지 않고 부활해 오는 것과 같다. 특히 예수는 신(하늘)과 인간의 화해, 그리고 인간과 인간의 화해를 위한 평화의 사도로 살다 갔다. 천도의 모범으로 살다간 것이다.

"세월호"침몰 사건으로 아직도 나라가 혼돈스럽다. 정부에 대한 백성들의 원한의 목소리가 커지고 있다. 안전관리 소홀에서부터 선장을 비롯한 지도자들의 자세, 낡은 여객선 수입을 허락하고, 거기에다가 무리한 증축을 허락하는 등 경제 지상주의로 인한 허술한 관리 시스템, 어느 것 하나 온전한 구석이 없다. 결과는 역사상 유례없는 비극적 대형 참사다. 이로 인한 유가족들과 백성들의 원망은 하늘로 치솟는다. 원한이 클수록 화해도 힘들다. 화해를 한다고 해도 여한은 남는 법이다. 지도자와 백성들 사이의 갈등과 모순을 해소하기 위한 최선의 길은 무엇보다 통치자들이나 지도자들이 백성들의 생존과 안전을 우선시해야 하는 것이다.

비단 작금의 "세월호" 사건뿐만 아니라, 남북한의 문제도 그렇다. 6·25전쟁 이후 이산가족은 물론 민족 간의 원한도 아직 풀리지 않고 남아 있다. 누가 이 원한을 풀어 줄 것인가? 민족 지도자들이 무엇보다 앞장서야 한다. 원한이 해소되지 않고 남아 있는 상태에서 무슨 일이건 좋을 일이 없다. 누가 세상을 조화롭게 하고 평화로운 세상을 만들 수 있을까? 성인이 채권을 가지고서도 행세를 하지 않고 유보하며 관용을 베풀 듯이, 오직 나보다 남을 아끼는 이타적 정신과 애정 어린 사랑과 관용의 지도력만이 세상을 평화롭게 이끌어 갈 수 있을 것이다. 수 백 명이 넘는 꽃다운 어린 영혼들의 목숨을 앗아간 어른들의 사회적 무책임과 무감각에 대해 다시 한 번 우리 스스로 깊이 반성하면서 원한이 없는 조화롭고 평화로운 나라를 꿈꾸어 본다. 하늘은 늘 착한 사람과 함께 한다는 믿음이 있기에.

제 80장

'소국과민'의 평화로운 세상

"나라는 작게 하고 백성의 수는 적게 하라
열 사람 백 사람이 사용할 병기도 쓸 일이 없게 하고
백성들로 하여금 죽음을 가볍게 여기지 않도록 하여
멀리 무리지어 옮겨 다니지 않도록 한다.

비록 배와 수레가 있지만 탈 일이 없고
갑옷과 병기가 있더라도 진열할 일이 없다.
사람들로 하여금 결승문자를 다시 사용하여 쓰게 한다.

그 음식을 달게 먹고
그 입은 옷을 아름답게 여기며
그 거처를 편안하게 여기고
그 풍속을 즐거워 하게한다.

이웃 나라가 가까워서 사람들이 서로 바라보이고
닭이 울고 개 짖는 소리가 서로 들려도
백성들이 늙어 죽을 때까지 서로 왕래하지 않는다."

小國寡民, 使有什佰之器而不用, 使民重死而不遠徙.

雖有舟輿, 無所乘之, 雖有甲兵, 無所陳之. 使民復結繩而用之.

甘其食, 美其服, 安其居, 樂其俗.

隣國相望, 鷄犬之聲相聞, 民至老死不相往來.

　노자는 본장에서 그가 생각한 이상적인 국가관을 제시하고 있
다. 이른바 그 유명한 '소국과민小國寡民'이다. '작은 나라 적은
백성'이야말로 행복한 삶을 영위할 수 있는 이상적인 국가형태
임을 역설하고 있다. "작은 것이 아름답다"는 말이 있듯이, 규모
를 크게 하고 확장하는 일만이 능사가 아님을 말해 주는 것이다.
작은 나라를 유지하면서 큰 나라를 탐하지 않는다는 의미도 있
다. 진시황이 무력으로 중국을 통일하여 대국을 이루었지만 오
래가지 못했고, 한나라나 수, 당으로 이어지는 통일 국가도 모
두 전제 군주국가로서 노자가 바라는 이상형의 국가는 되지 못
했다. 고대에는 전쟁을 통해 이웃 나라를 정복함으로써 백성을
늘리는 일이 많았다. 이처럼 전쟁으로 인한 전반적인 영토 확장
과 인구 증가 정책에 대해 노자는 반대하고 작은 나라 적은 백성
이지만 그것으로 만족하고, 소박하고 평화로운 국가를 유지하는
것을 이상으로 했던 것이다. 공자 또한 "나라가 작은 것이 걱정
이 아니라, 고르게 살지 못하는 것이 걱정不患寡而患不均"季氏이라
했다.
　사실 오늘날의 중국이나 인도를 보더라도 영토나 인구가 너무
크고 많아서 골고루 평등하게 살기는 다른 나라에 비해 더욱 어
렵다. 물론 역사적인 수탈이나 환경적 요인도 있지만, 복지 정책
을 펴기에는 아직도 멀고 험한 장애 요인들이 너무도 많은 것이

다. 특히 효율적인 관리 시스템이 마비된 경우도 많고, 노인과 어린이 할 것 없이 백성들 또한 복지 정책과는 거리가 먼 소외층이 너무도 많다. 물론 세계 어느 나라든지 완벽한 복지 국가를 실현한 곳은 없다. 불합리한 현실세계를 바로잡아 보고자 플라톤이 이상국가를 주장하고 토머스모어가 유토피아를 말했으며, 예수도 원시 무산 공동체를 이루긴 했어도 모두가 완전한 이상국가를 이루진 못했다. 현대적 민주국가가 형성되었다 해도 여전히 권력형 억압은 존재하고 있고, 근대 이전의 역사상 대부분의 국가체제는 더더욱 민중을 억압하는 권력형 통치체제였다.

노자가 말하는 '소국과민'은 어떤 나라인가? "열 사람 백 사람이 사용할 병기도 사용할 일이 없고, 죽음을 가볍게 여기지 않도록 하여 멀리 무리지어 옮겨 다니지도 않는다." 고대에 "열사람 백 사람"什佰이라고 하는 것은 최소 단위의 군대편제로서 '십'은 열 사람 '백'은 백 사람이다. 그러므로 열 사람 백 사람이 사용할 병기兵器를 사용하지 않는다는 말이다. 뿐만 아니라, "멀리 무리지어 집단적으로遠徙 옮겨 다니지 않도록 한다."는 것도 생활의 안정을 꾀한다는 원칙이다. 이것은 물론 일반적인 여행을 금하는 뜻은 아니다. 이 부분도 앞선 72장에서 말한 바, "백성들의 거처를 핍박하지 말고, 그들의 삶을 압박 하지 말라"고 했던 것과 상통한다. 백성들이 태어나서 자라는 삶의 터전을 방해하지 말라는 뜻이다. 전쟁을 일으킬 목적으로 강제 이주를 시키거나 영토를 빼앗아 백성들로 하여금 무리지어 떠돌게 하지 말라는 뜻이기도 하다.

유산자의 약탈과 전통문화의 상실은 토마스 모아로 하여금 일찍이 지구상에 실현이 불가능한 '유토피아'를 생각하게 했다.

토마스 모어가 16세기 당시 영국산 양털 소비의 급증으로 귀족이나 신흥 부르주아 계급들이 토지를 양의 방목지로 전용하면서 쫓겨나야 했던 전통 농가의 고향 상실과 현실적 몰락을 바라보면서, "양이 사람을 잡아먹는다."고 풍자했던 것이다. 산업혁명이 물자를 풍요하게 했어도 인간의 소박한 정신을 황폐하게 만든 계기도 되었지 않았던가? 노자는 또 말한다. "배와 수레가 있어도 탈 일이 없고, 전투병기가 있어도 진열할 필요가 없다." 배와 수레가 있어도 탈 일이 없다는 것은, 배나 수레를 타고 멀리 정벌을 나가지 않는다는 것이다. 그러므로 병기가 있어도 진열할 필요가 없는 것이다. 이는 전쟁을 싫어하는 노자의 비폭력 평화의 정신을 잘 보여주는 단적인 사례다. 또한 이 구절은 앞의 62장에서 "큰 보석璧玉을 앞세우고 네 필의 말이 이끄는 수레를 뒤따르게 할지라도 가만히 앉아서 도에 나아가는 것만 못하다."고 한 것과 같은 이치다. 온갖 큰 부귀영화를 누린다 해도 소박한 도道를 실천하는 것만 못하다는 뜻이다.

"사람들로 하여금 결승문자를 다시 사용하여 쓰게 한다."는 것은 단순히 문자의 회복을 말하는 것이 아니라, 고대에 노끈이나 새끼줄로 문자를 대신하던 가장 원시적인 형태의 생활을 회복하자는 것으로 이는 전쟁 없이 화목하고 자유롭던 결승문자 시대로의 회복을 말한다. 이러한 원시 공동체에는 사람들이 모두 자연과 더불어 순박하고 성실하며 선량한 생활을 하였으리라고 노자는 본 것이다. 이 같은 삶은 앞서 언급한 바, "열 사람 백 사람이 사용할 병기도 쓸 일이 없게" 하는 소박하고 평화로운 원시 생활의 회복을 말하는 것과 같은 맥락이다. 마치 간디가 물레를 돌리던 정신이라고나 할까? 문명의 이기가 범람하는 오늘날 우리는 더욱 원시적 공동체의 이상을 회복해야 할 필요가 있다.

세계는 지금 가공할만한 살인적 무기 양산에 엄청난 비용을 투자하고 끊임없이 무기 개발에 열을 올리고 있다. 강대국일수록 무기 경쟁이 더욱 치열하다. 무력으로 평화를 유지하려고 하는 속셈도 문제가 있지만, 무기 판매로 부를 축적하려는 욕망이 더욱 큰 것 같다. 그러다 보면 무기를 소비해야 되고, 조그마한 갈등에도 무력이 앞서게 된다. 이 돌이킬 수 없는 무력 각축의 시대에 노자는 그저 소박하지만 있는 것으로 만족하며 맛있게 먹고 잘 입으며 미풍양속으로 즐거워하는 작지만 아름다운 나라가 되길 바라고 있다. 그러므로 이웃나라에서 개소리가 들려도 어쩌든지 간섭하며 다툴 일이 없고, 더군다나 죽음을 가벼이 여겨서 자국을 버리고 멀리까지 나가서 떠도는 유민流民이 되거나 정복전쟁으로 죽음을 자초할 까닭이 없는 것이다. 비록 세계 각국이 정복전쟁을 위해 수레와 배를 사용하고 있다고 해도 누구도 그 배나 수레를 타고 정복에 나설 이유가 없고, 모든 국가가 결승문자 시대와 같은 원시적 평화 상태를 유지하도록 힘써 노력해야 한다는 것이 노자의 결론이다. 자, 우리도 '오래된 미래'의 세계로 나가 보면 어떨까?

제 81장

다시 '하늘'에 도를 묻는다

"미더운 말은 꾸미지 않고 꾸민 말은 미덥지 않다.
착한 이는 따지지 않고, 따지는 이는 착하지 않다.
아는 사람은 박식하게 떠벌이지 않고,
박식하게 떠벌이는 사람은 알지 못한다.

성인은 자기를 위해 쌓아두지 않으니
다른 사람을 위해 도움으로써 자신은 더 갖게 되고
다른 사람에게 줌으로써 자신은 더욱 많아진다.

하늘의 도는 이롭게 하여 해롭지 않고
성인의 도는 남을 위하여 행동하지만 다투지 않는다."

信言不美, 美言不信, 善者不辯, 辯者不善, 知者不博, 博者不知.
聖人不積, 旣以爲人, 己愈有, 旣以與人, 己愈多.
天之道, 利而不害, 聖人之道, 爲而不爭.

본장은 노자 [도덕경]의 최후의 장이다. 물론 본장이 백서 본에는 68장에 수록되어 있어 편집적인 차이가 있다. 이 장에서 노자는 인간 최고의 행위규범으로서 언행과 처사가 마땅히 어떠해야 하는지를 말해 주고 있다. 사물의 진상과 겉으로 드러나는 표면적인 현상 사이에서 무엇이 진실하며 거짓되고 무엇이 진정 추하고 아름다운 것인가를 식별해야 한다는 것이다. 예컨대, "미더운 말은 꾸미지 않고 꾸민 말은 미덥지 않다."는 것이다. 왕필의 말처럼 진실은 언제나 질박하다實在質也. 진실은 꾸밈이 없다는 뜻이다. 공자 또한 '교언영색巧言令色'이라 하여 교묘한 말로 얼굴빛을 꾸미는 식의 가식을 경계하면서 도리어 군자는 말에 있어 어눌하고, 행동에는 민첩하다訥言敏行고 했다. 그리하여 "착한 사람은 따지지 않지만, 착하지 않은 사람은 말재간을 가지고 따진다는 것이다."

많이 안다고 떠드는 경우도 마찬가지다. 진정 아는 사람은 아는 척 하지 않는다. 그리하여 "아는 사람은 박식하게 떠벌이지 않고, 박식하게 떠벌이는 사람은 알지 못한다."고 말한다. 이는 앞에서 노자가 "아는 자는 말이 없고知者不言, 떠들어 대는 사람은 알지 못한다言者不知."고 했던 말과도 상통한다. 여기서 안다고 하는 것은 '도道'를 안다는 것을 말한다. 그 성인의 도는 "자신을 위하여 쌓아두는 것이 아니라, 다른 사람을 위해 베푸는" 덕행으로서의 도다. 그리하여 성인이 남을 도움으로써 오히려 자신의 덕은 더욱 많아지게 된다. 성인이 늘 그러하듯이, 나눔과 베품의 원리는 만고불변의 덕행으로서 그것은 하늘의 도天道와 같이 "남을 이롭게 하지만 해롭게 하지 않는다利而不害."

노자는 81장의 마지막에 "성인의 도聖人之道는 남을 위하여 행동하지만 다투지 않는다爲而不爭."는 말로 끝맺는다. 소위 '부쟁

不爭'이라는 한마디 단어로 끝을 맺는다. 다투지 않는다는 뜻의 '부쟁'은 소극적인 의미에서의 평화를 상징하지만, 적극적인 의미도 내포하고 있다. 다투지 않음으로써 비로소 평화를 이룰 수 있기 때문이다. 노자가 지속적으로 강조하고 있는 이 '부쟁'의 정신은 전체 도덕경 가운데 '유약柔弱', '허정虛靜' 등과 같은 핵심적인 요소 가운데 하나다. 특히 '부드러움'과 '다투지 않는 정신'은 '상선약수上善若水'의 정신에 잘 설명되었다. 물은 만물을 이롭게 하지만 다투지 않기에 도에 가깝다는 것이 그러한 뜻이다. 전쟁과 분열 및 대립이 심하던 춘추전국시대를 경유하면서 노자의 시대는 한 마디로 환란의 시대였다. 그럴수록 평화는 아득한 꿈이었는지도 모른다. 그러기에 노자는 겉만 번지르르한 말이나 감언이설로 진실을 왜곡하는 무리들을 경계했고, 박식한 척 떠들지만 도의 실천과는 거리가 먼 사람들도 경계했으며, 오직 성인들처럼 묵묵히 남을 위해 베풀고 봉사하는 하늘의 도를 높이 숭상했을 것이다.

듣기 좋은 말보다는 말없는 선행이 더욱 미덥고 충실하다. 말은 많지만 행함이 없고 불신이 가득한 시대. 신身, 구口, 의意의 세 가지 독毒을 조심하라는 석가의 가르침이나, 땅에 글씨를 쓰며 선행의 모범을 가르친 예수, '말없는 가르침行不言之敎'의 중요성을 설파한 공자와 노자의 정신을 우리는 오늘날 다시 깊게 되새겨야 할 것이다. 왕필은 노자의 5천자를 한마디로 요약하자면, "근본을 높이고 말단을 그치게 하는 것崇本息末"이라 했다. 오늘날 물신숭배사상으로 인해 도의 근본이 무너지고 말단이 혼란스럽게 요동치고 있다. 하늘의 도인 근본을 바로 세우는 일, 그것은 바로 사사로운 욕심을 줄이고 허정虛靜한 무위자연無爲自

然의 정신으로 이웃과 더불어, 이웃을 위해 소박하고도 평화로운 세상을 함께 만들며 상생공존의 길을 열어가는 일일 것이다.

　마른하늘에 벼락이 치듯, 졸지에 수백 명의 꽃다운 생명을 앗아간 '세월호' 참사는 아직도 우리의 가슴을 너무나 슬프게 한다. 인간의 역사와 더불어 어처구니없는 재난이 끊임없어도 '하늘'은 여전히 말이 없지만, 그래도 다시금 '하늘'에 도를 묻고 싶다. 예수가 십자가에 죽어가면서 하나님을 향하여 "엘리엘리 라마사박다니"를 외치고, 공자가 "하늘이 무슨 말을 하더냐?"고 되묻지만 말이다. '하늘의 도'는 끝내 이로울 것이라는 확신이 있기 때문이다. 겨울이 지나면 봄이 오고, 달이 기울면 다시 차듯이 하늘의 운행을 거역할 수 없는 것이라면, "되돌아가는 것이 도의 움직임"反者道之動이라고 했던 노자의 말을 다시 되새기면서 거듭되는 삶과 죽음의 길목에서 조용히 '근본'으로 돌아가는 천도天道의 움직임을 주시해본다.

종교간의 열린 대화 첫번째

노자 왈,
예수 가라사대

지은이   이명권
펴낸곳   열린서원
편집 · 디자인   조수지
발행일   2017년 10월 02일

주소   서울특별시 종로구 창덕궁길 117, 102호
전화   070-8704-7282
팩스   02) 6499-2363
전자우편   imkkorea@hanmail.net
등록번호   제300-2015-130호

값 13,000원
ISBN 979-11-956364-6-4